Marco Legal das Garantias

Alexandre Laizo Clápis

Mestre em Direito Civil pela Pontifícia Universidade Católica de São Paulo. Sócio de Stocche Forbes Advogados.

Luis Guilherme Aidar Bondioli

Doutor e mestre em Direito Processual pela Faculdade de Direito da Universidade de São Paulo. Sócio de Stocche Forbes Advogados.

MARCO LEGAL DAS GARANTIAS

Alienação fiduciária e hipoteca

Alterações propostas pela Lei Federal n. 14.711/2023 comparadas e comentadas.

2025

- Os autores deste livro e a editora empenharam seus melhores esforços para assegurar que as informações e os procedimentos apresentados no texto estejam em acordo com os padrões aceitos à época da publicação, e *todos os dados foram atualizados pelos autores até a data da entrega dos originais à editora*. Entretanto, tendo em conta a evolução das ciências, as atualizações legislativas, as mudanças regulamentares governamentais e o constante fluxo de novas informações sobre os temas que constam do livro, recomendamos enfaticamente que os leitores consultem sempre outras fontes fidedignas, de modo a se certificarem de que as informações contidas no texto estão corretas e de que não houve alterações nas recomendações ou na legislação regulamentadora.

- Data do fechamento do livro: 04/11/2024

- Os autores e a editora se empenharam para citar adequadamente e dar o devido crédito a todos os detentores de direitos autorais de qualquer material utilizado neste livro, dispondo-se a possíveis acertos posteriores caso, inadvertida e involuntariamente, a identificação de algum deles tenha sido omitida.

- Direitos exclusivos para a língua portuguesa
  Copyright ©2025 by **SRV Editora Ltda.**
  Publicada pelo selo **Saraiva JUR**
  Uma editora integrante do GEN | Grupo Editorial Nacional
  Travessa do Ouvidor, 11
  Rio de Janeiro – RJ – 20040-040

- **Atendimento ao cliente:** (11) 5080-0751 | faleconosco@grupogen.com.br

- Reservados todos os direitos. É proibida a duplicação ou reprodução deste volume, no todo ou em parte, em quaisquer formas ou por quaisquer meios (eletrônico, mecânico, gravação, fotocópia, distribuição pela Internet ou outros), sem permissão, por escrito, da **SRV Editora Ltda.**

- Capa: Tiago Fabiano Dela Rosa
  Diagramação: Mônica Landi

- **DADOS INTERNACIONAIS DE CATALOGAÇÃO NA PUBLICAÇÃO (CIP)
  VAGNER RODOLFO DA SILVA – CRB-8/9410**

B711m   Bondioli, Luis Guilherme
Marco Legal das Garantias: alienação fiduciária e hipoteca / Luis Guilherme Bondioli, Alexandre Laizo Clápis. – 1. ed. – [2. Reimp.] – São Paulo: Saraiva Jur, 2025.

128 p.
ISBN: 978-85-5362-772-1 (impresso)

1. Direito. 2. Direito comercial. 3. Marco Legal das Garantias. 4. Alienação fiduciária. 5. Hipoteca. I. Clápis, Alexandre Laizo. II. Título.

	CDD 346.07
2024-3408	CDU 347.7

Índices para catálogo sistemático:
1. Direito comercial   346.07
2. Direito comercial   347.7

"Aos meus filhos, Pedro e João, que diariamente me ensinam
novas formas de amar.
À Raquel, pelo incentivo incondicional aos meus projetos em nossa
especial convivência, que se apoia em um amor verdadeiro."

Alexandre Laizo Clápis

"Para a minha pequena família, Deda, Clara e Cecília, com amor."

Luis Guilherme Aidar Bondioli

Sumário

Apresentação de Marcelo Terra IX

Prefácio de Melhim Chalhub XI

Observações iniciais XV

Capítulo 1
DO APRIMORAMENTO DAS REGRAS DE GARANTIAS (LEI FEDERAL N. 9.514/97)

Art. 22 1

Art. 24 7

Art. 25 10

Art. 26 11

Art. 26-A 19

Art. 27 21

Art. 27-A 33

Art. 30 39

Capítulo 2
DA EXECUÇÃO EXTRAJUDICIAL DOS CRÉDITOS GARANTIDOS POR HIPOTECA

Art. 37-A 43

Art. 39 44

Capítulo 3
LEI FEDERAL N. 10.406/2002 – CÓDIGO CIVIL

Art. 853-A 48

Art. 1.477 76

Art. 1.478 78

Art. 1.487-A 79

Capítulo 4
LEI FEDERAL N. 13.476/2017

Art. 9º 84

Art. 9º-A 85

Art. 9º-B 88

Art. 9º-C 91

Art. 9º-D 93

Art. 9º da Lei Federal n. 14.711/2023 94

Art. 10 da Lei Federal n. 14.711/2023 106

Referências 111

Apresentação

UM MARCO NA LITERATURA JURÍDICA

Alexandre Laizo Clápis e Luis Guilherme A. Bondiolli enfrentam com conhecimento jurídico de advogados imobiliaristas, com vasto saber no direito imobiliário, no imobiliário registral e no contencioso cível, e vivência prática (demonstrada pela sempre precisa e pontual indicação jurisprudencial) os grandes e novos desafios trazidos pela Lei Federal n. 14.711/2023, autodenominada Marco Legal das Garantias, centrando seu olhar acurado nos institutos revigorados da alienação fiduciária em garantia de bens imóveis e da hipoteca e na novel figura do agente de garantia (o administrador fiduciário da garantia).

Em suas observações introdutórias a sua obra, os autores esclarecem: *"...versa sobre: (i) o aprimoramento das regras de garantia; (ii) a execução extrajudicial de créditos garantidos por hipoteca; (iii) a execução extrajudicial de garantia imobiliária em concurso de credores; (iv) o procedimento de busca e apreensão extrajudicial de bens móveis em caso de inadimplemento de contrato de alienação fiduciária; (v) o resgate antecipado de Letra Financeira; (vi) a alíquota de imposto de renda sobre rendimentos no caso de fundos de investimento em participações qualificados que envolvam titulares de cotas com residência ou domicílio no exterior e (vii) o procedimento de emissão de debêntures. Todavia, nossos comentários estão restritos às disposições relativas ao aprimoramento das regras de garantias (alienação fiduciária e hipoteca), a execução extrajudicial de créditos garantidos por hipoteca e a execução extrajudicial de garantia imobiliária em concurso de credores. Fazemos também a análise das disposições sobre um novo tipo contratual que se pretende inserir no Código Civil e que trata da atividade e do agente de garantias".*

Temas absolutamente oportunos e merecedora a hipoteca de uma revisão histórica para sua boa compreensão.

Hipoteca, direito real de garantia imobiliária por excelência e precedência histórica, absolutamente maltratada nos idos dos anos 70, 80 e 90 de nosso século XX, tendo sua eficácia *erga omnis* e o correspondente direito de sequela abandonados por força de inúmeras razões, cujo exame não cabe neste curto espaço.

Esse descrédito da hipoteca gerou na sociedade brasileira a busca por uma solução, seja um revigoramento legislativo da hipoteca ou uma nova garantia real imobiliária.

O legislador optou pela segunda opção, trazendo à luz a Lei Federal n. 9.514/97, disciplinando o Sistema Financeiro Imobiliário (SFI), regrando a securitização dos recebíveis imobiliários e introduzindo no direito positivo brasileiro uma nova modalidade de garantia real imobiliária, a alienação fiduciária em garantia, sem abandonar a hipoteca, mas não atualizando.

Uma lei verdadeiramente disruptiva, merecedora de todos os aplausos, uma lei nascida com muitos méritos e que, ao longo de seus quase 27 anos de vigência, vem sendo constantemente atualizada e aprimorada, inclusive e especialmente pela lei do Marco Legal das Garantias, objeto do estudo acadêmico de escol, agora apresentado aos estudiosos e leitores, certamente ávidos pelo aprendizado que receberemos.

A comunidade jurídica brasileira e todos aqueles que trabalham com negócios e obrigações e suas garantias são presenteados com esta pequena obra em tamanho, mas grande e intensa em sua qualidade.

Alexandre e Luis Guilherme, permitam-me esta informalidade, muito obrigado por seu empenho em, aproveitando o pouco tempo que advocacia nos permite, estudar uma nova lei, meditar, escrever e, principalmente, compartilhar conhecimentos.

Boa leitura a todos!

Marcelo Terra
Advogado

Prefácio

Foi com satisfação que recebi o convite para prefaciar o livro *Marco legal das garantias: alienação fiduciária e hipoteca*, dos Professores e Advogados Alexandre Laizo Clápis e Luis Guilherme A. Bondioli, que integram o rol dos qualificados doutrinadores, dedicados especialmente a importantes obras nas áreas do Direito Civil e do Direito Processual Civil.

Marco legal das garantias é expressão cunhada em razão da profusão de temas envolvendo garantias reais tratados pela Lei n. 14.711/2023, entre os quais (i) alienação fiduciária de bens imóveis em garantia; (ii) execução extrajudicial de créditos garantidos por hipoteca; (iii) execução extrajudicial de créditos com garantia imobiliária em concurso de credores; (iv) procedimento de busca e apreensão extrajudicial de bens móveis em caso de inadimplemento de contrato de alienação fiduciária; (v) resgate antecipado de Letra Financeira; (vi) alíquota de imposto de renda sobre rendimentos no caso de fundos de investimento em participações qualificados que envolvam titulares de cotas com residência ou domicílio no exterior; (vii) procedimento de emissão de debêntures; e (viii) contrato de administração fiduciária de garantias.

Desse contexto os autores destacaram para comentários às normas sobre as alterações introduzidas no regime jurídico da alienação fiduciária e da hipoteca, bem como à execução extrajudicial de créditos com garantia imobiliária em concurso de credores e, ainda, à inclusão do art. 853-A no Código Civil, que tipifica o contrato de administração fiduciária de garantias, atribuída a um agente de garantias.

A obra agora lançada corporifica importante trabalho desses autores na interpretação das normas sobre constituição, execução e excussão dos contratos de alienação fiduciária e de hipoteca, conforme as alterações legislativas introduzidas pela Lei n. 14.711/2023, que, por sua vez, resultam de amplo debate desenvolvido nos últimos anos em nosso país com vistas à adequação das normas sobre garantias reais às demandas contemporâneas.

Ao comentar, artigo por artigo, as alterações introduzidas pela Lei n. 14.711/2023 nas normas sobre as garantias fiduciária e a hipotecária, os autores se dedicaram ao árduo trabalho de interpretação das novas disposições legais no que têm de específico e as articulando ao contexto maior do sistema dos direitos reais de garantia.

E a despeito de o objeto dos comentários dizerem respeito às inovações legislativas, os autores trazem também jurisprudência envolvendo de maneira direta ou indireta situações relacionadas às novas disposições, a evidenciar que muitas das alterações legislativas foram justificadas pelo tratamento anteriormente definido na jurisprudência.

São dignos de nota os comentários sobre os parágrafos introduzidos no art. 22 da Lei n. 9.514/97, que dispõem sobre a possibilidade de registro do contrato de alienação fiduciária da propriedade superveniente, que o fiduciante haverá de adquirir quando satisfeito o crédito originalmente garantido. Os autores discorrem minudentemente sobre os efeitos dessa garantia, entre eles a necessidade de cancelamento da garantia fiduciária anterior para que a superveniente ganhe eficácia, a sub-rogação do credor que pagar a dívida do devedor comum, os requisitos de eventual vencimento antecipado da dívida, entre outros aspectos.

São também merecedores de atenção os comentários às alterações dos arts. 26-A e 27, que distinguem os financiamentos habitacionais das demais operações de crédito em geral em relação à responsabilidade patrimonial do devedor, caso o valor apurado no leilão não seja suficiente para o resgate integral da dívida garantida. Para esse fim, e em relação aos financiamentos destinados à aquisição ou construção da moradia do devedor, a lei mantém a exoneração de responsabilidade, dispensando-o de responsabilidade caso seja negativo o segundo leilão, enquanto para as operações de crédito em geral a lei assegura ao credor fiduciário a faculdade de prosseguimento da execução, seja por meio extrajudicial ou judicial.

Nesse ponto, os autores põem em relevo a parte final do § 2º do art. 27, que faculta ao credor fiduciário aceitar lance inferior ao valor da dívida, desde que "corresponda a, pelo menos, metade do valor de avaliação do bem", manifestando entendimento de que esse referencial não deve ser tomado como ato discricionário a critério do credor, pois "remete naturalmente ao conceito de preço vil" no percentual definido pelo CPC e por isso deve ser considerado valor de piso pelo qual se aperfeiçoa a expropriação por valor correspondente à metade do valor da avaliação, assegurado ao credor o prosseguimento da execução pelo saldo remanescente.

O rigor conceitual observado pelos autores é evidenciado também ao tratarem da inclusão de um novo tipo entre os contratos em espécie no art. 853-A do Código Civil, o contrato de administração fiduciária de garantias.

É notável a amplitude e profundidade com que os autores tratam dessa espécie do negócio fiduciário, cotejando-a com outras figuras capazes de cumprir função semelhante e destacando a importância da atuação de um agente de garantia, que, pela atuação em nome próprio, mas em benefício dos credores, pode conferir maior eficiência na gestão operacional de diversas operações de crédito mediante articulação do relacionamento entre o devedor, o credor e, se o caso, os terceiros garantidores, sobretudo em operações semelhantes a *Project finance*, caracterizadas pela realização de empreendimentos garantidos pelo seu próprio ativo.

Não deixam os autores, contudo, de chamar a atenção para a atecnia presente na tipificação definida pela nova lei, tema ao qual também temos nos dedicado (*Alienação Fiduciária-Negócio Fiduciário*, GenForense, capítulo III) e lamentando, no que tem de específico, que o legislador tenha perdido a oportunidade de aproveitar o anteprojeto elaborado pelo Grupo de Estudos Temático – Garantias Reais (GET), instituído pela Portaria n. 826/2021 do Ministério da Economia, já aperfeiçoado com a assimilação dos resultados de audiência pública e alinhado ao Projeto de Lei n. 4.758/2020, já aprovado na Câmara dos Deputados e em tramitação no Senado Federal, que define o regime jurídico geral da fidúcia, ao qual se sujeita a gestão fiduciária de garantias.

Esses são apenas alguns exemplos do detido estudo realizado pelos autores na elaboração da obra *Marco legal das garantias: alienação fiduciária e hipoteca*, que demonstram a objetividade e profundidade empregadas pelos autores na interpretação das inovações introduzidas pela Lei n. 14.711/2023 em relação às normas sobre alienação fiduciária, hipoteca, gestão fiduciária de garantias e concurso de credores no âmbito do serviço de registro de imóveis.

O rigor científico empregado pelos autores nessa tarefa confere aos comentários densidade capaz de qualificá-la como contribuição indispensável à correta interpretação das alterações introduzidas por esse marco legal e à sua necessária harmonização com os princípios e regras de direito material e processual, em linguagem marcada pela objetividade e clareza, que facilitam a compreensão e a consulta das novas regras introduzidas pela Lei n. 14.711/2023.

Trata-se, portanto, de obra merecedora de atenção tanto para estudo como para consulta diante das demandas que se apresentem na atividade dos profissionais do Direito especialmente dedicados às operações de crédito em geral dotadas de garantias.

Melhim Chalhub
Advogado

Observações iniciais

Nosso objetivo com este material é fazer um estudo prévio comparativo e comentado entre as proposições aprovadas pela Lei Federal n. 14.711/2023, advindas do Projeto de Lei n. 4.188/2021-C (PL n. 4.188), e as disposições correspondentes que foram objeto de modificações ou de acréscimos. Quando possível, precedentes de nossos Tribunais são indicados em cada um dos dispositivos analisados por se relacionarem com os comentários ou por serem pertinentes ao tema.

Em linhas gerais, a Lei Federal n. 14.711/2023 versa sobre: (i) o aprimoramento das regras de garantia; (ii) a execução extrajudicial de créditos garantidos por hipoteca; (iii) a execução extrajudicial de garantia imobiliária em concurso de credores; (iv) o procedimento de busca e apreensão extrajudicial de bens móveis em caso de inadimplemento de contrato de alienação fiduciária; (v) o resgate antecipado de Letra Financeira; (vi) a alíquota de imposto de renda sobre rendimentos no caso de fundos de investimento em participações qualificados que envolvam titulares de cotas com residência ou domicílio no exterior e (vii) o procedimento de emissão de debêntures.

Todavia, nossos comentários estão restritos às disposições relativas ao aprimoramento das regras de garantias (alienação fiduciária e hipoteca), a execução extrajudicial de créditos garantidos por hipoteca e a execução extrajudicial de garantia imobiliária em concurso de credores. Fazemos também a análise das disposições sobre um novo tipo contratual que se pretende inserir no Código Civil e que trata da atividade do agente de garantias.

Os autores

CAPÍTULO 1
Do aprimoramento das regras de garantias (Lei Federal n. 9.514/97)

A Lei Federal n. 9.514/97 passa a vigorar com as seguintes alterações:

Art. 22	
Anterior	**Atual**
A alienação fiduciária regulada por esta Lei é o negócio jurídico pelo qual o devedor, ou fiduciante, com o escopo de garantia, contrata a transferência ao credor, ou fiduciário, da propriedade resolúvel de coisa imóvel. (...)	A alienação fiduciária regulada por esta Lei é o negócio jurídico pelo qual o fiduciante, com o escopo de garantia de obrigação própria ou de terceiro, contrata a transferência ao credor, ou fiduciário, da propriedade resolúvel de coisa imóvel. (...) § 3º A alienação fiduciária da propriedade superveniente, adquirida pelo fiduciante, é suscetível de registro no registro de imóveis desde a data de sua celebração, tornando-se eficaz a partir do cancelamento da propriedade fiduciária anteriormente constituída. § 4º Havendo alienações fiduciárias sucessivas da propriedade superveniente, as anteriores terão prioridade em relação às posteriores na excussão da garantia, observado que, no caso de excussão do imóvel pelo credor fiduciário anterior com alienação a terceiros, os direitos dos credores fiduciários posteriores sub-rogam-se no preço obtido, cancelando-se os registros das respectivas alienações fiduciárias. § 5º O credor fiduciário que pagar a dívida do devedor fiduciante comum ficará sub-rogado no crédito e na propriedade fiduciária em garantia, nos termos do inciso I do *caput* do art. 346 da Lei n. 10.406, de 10 de janeiro de 2002 (Código Civil).

> § 6º O inadimplemento de quaisquer das obrigações garantidas pela propriedade fiduciária faculta ao credor declarar vencidas as demais obrigações de que for titular garantidas pelo mesmo imóvel, inclusive quando a titularidade decorrer do disposto no art. 31 desta Lei.
>
> § 7º O disposto no § 6º aplica-se à hipótese prevista no § 3º deste artigo.
>
> § 8º O instrumento constitutivo da alienação fiduciária na forma do § 3º deve conter cláusula com a previsão de que trata o § 6º deste artigo.
>
> § 9º Na hipótese de o fiduciário optar por exercer a faculdade de que trata o § 6º deste artigo, deverá informá-lo na intimação de que trata o § 1º do art. 26 desta Lei.
>
> § 10. O disposto no § 3º do art. 49 da Lei n. 11.101, de 9 de fevereiro de 2005, beneficia todos os credores fiduciários, mesmo aqueles decorrentes da alienação fiduciária da propriedade superveniente.

COMENTÁRIOS

A mudança legislativa traz para o *caput* uma pequena modificação, para explicitar a ideia de que o fiduciante não necessariamente consiste no devedor da obrigação garantida. A contratação da garantia fiduciária pode se dar entre o credor e um terceiro titular da propriedade plena do imóvel fiduciado, na condição de garantidor da obrigação, ainda que sem integrar o vínculo obrigacional original.

Modificações mais sensíveis existem nos §§ 3º ao 10.

O § 3º traz importante alteração, bastante esperada pelo mercado que se utiliza da propriedade fiduciária como garantia real imobiliária. Trata-se da possibilidade de constituir a propriedade fiduciária superveniente. Assim, passa a ser possível admitir a registro a alienação fiduciária de um imóvel que já é objeto de garantia fiduciária anterior.

Antes do advento da Lei n. 14.711/2023, havia relutância em aceitar a propriedade fiduciária superveniente, especialmente no âmbito

Capítulo 1 • Do aprimoramento das regras de garantias (Lei Federal n. 9.514/97)   3

registrário, por falta de previsão legal. Entendemos, porém, que desde a alteração promovida no art. 1.367 do Código Civil pela Lei n. 13.043/2014 já seria possível a constituição da propriedade fiduciária superveniente, porque aplicável subsidiariamente o § 1º do art. 1.420 do mesmo Código ("a propriedade superveniente torna eficaz, desde o registro, as garantias reais estabelecidas por quem não era dono"). Todavia, agora tal possibilidade é uma realidade indiscutível.

O objeto da alienação fiduciária superveniente contempla os mesmos direitos objeto da relação fiduciária anterior, ou seja, aqueles direitos que são atribuídos ao fiduciário na constituição desta modalidade de garantia, que, ao retornarem ao fiduciante com o cumprimento da obrigação originariamente garantida, são automática e imediatamente transferidos ao novo fiduciário, independentemente de qualquer outra manifestação de vontade das partes (fiduciário e fiduciante) ou de ato registrário.

Ainda que esteja no aguardo do cumprimento da obrigação garantida pela propriedade fiduciária anterior, a propriedade fiduciária superveniente pode (*rectius*: deve) ser levada a registro desde a data da sua celebração.

A transferência dos direitos da propriedade fiduciária superveniente ao novo credor, porém, dependerá do pagamento da obrigação garantida e consequentemente do cancelamento da propriedade fiduciária anterior, condições necessárias para que a nova relação fiduciária de garantia se torne eficaz. Em outras palavras, a garantia fiduciária superveniente somente terá eficácia a partir do cancelamento da propriedade fiduciária anteriormente constituída.

Entretanto, mesmo que dependa do desfecho da anterior, a propriedade fiduciária superveniente registrada terá prioridade em relação a outros direitos que lhe possam ser contraditórios e que forem ulteriormente inscritos na mesma matrícula.

Por exemplo, A, fiduciante, contrata a propriedade fiduciária imobiliária com o credor B. Subsequentemente, A convenciona a propriedade fiduciária superveniente com o credor C e outras três com os credores D, E e F. Há, portanto, cinco garantias fiduciárias imobiliárias constituídas, sendo uma originária e outras quatro supervenientes.

A propriedade fiduciária constituída com o credor B tem preferência em relação a todas as demais estipuladas com os credores C, D, E e F, mas estes terão preferência com relação a qualquer pessoa diferente de B. Na hipótese de outros direitos reais e/ou constrições judiciais e/ou administrativas (arresto, sequestro, penhora, indisponibilidade) ingressarem na matrícula desse imóvel, as garantias fiduciárias anteriormente constituídas terão prioridade em relação a esses direitos contraditórios.

Com o pagamento da dívida anterior, o fiduciante (re)adquire os direitos da propriedade plena do imóvel, ainda que por uma fração de segundo, pois só assim adquire a disponibilidade necessária para alienar fiduciariamente para o próximo credor. Essa situação possibilita que a propriedade fiduciária subsequente ou superveniente, que ainda aguardava o desfecho da propriedade fiduciária anterior a ela, torne eficaz a transferência da propriedade resolúvel ao novo fiduciário, sem a necessidade de se praticar qualquer ato de confirmação.

O § 4º estabelece ordem de prioridade entre as propriedades fiduciárias supervenientes, de modo que as anteriores têm preferência sobre as posteriores na execução da garantia. Executada a propriedade fiduciária originária ou a que antecede a todas as supervenientes, os direitos dos credores fiduciários posteriores ficarão sub-rogados no preço obtido na execução, cancelando-se os registros das respectivas propriedades fiduciárias.

No exemplo dado acima, executada a garantia fiduciária por B, os direitos de créditos dos credores C, D, E e F serão substituídos pelo valor que for obtido na execução dos leilões extrajudiciais.

O fiduciário da propriedade superveniente poderá pagar a dívida do fiduciante ao credor da propriedade fiduciária anterior a sua e se sub-rogar no crédito e na propriedade fiduciária, nos termos do inciso I do art. 346 do Código Civil. Em outras palavras, com o pagamento da dívida, libera-se o credor que foi pago e o fiduciário da propriedade superveniente assume a posição (de credor) da garantia precedente, sem prejuízo da sua própria (§ 5º).

O art. 1.367 do Código Civil estabelece que à alienação fiduciária de bens móveis ou imóveis são aplicadas as disposições do Capítulo I do Título X do Livro III da Parte Especial do mesmo Código. O Livro III da Parte Especial do Código Civil trata do direito das coisas; o Título X, do penhor, da hipoteca e da anticrese, e o Capítulo I, das regras gerais desses direitos reais de garantia. Nesse sentido, as disposições gerais do penhor, da hipoteca e da anticrese são expressamente aplicadas à alienação fiduciária de imóvel, inclusive no tocante ao vencimento antecipado (art. 1.425 do CC).

Em matéria de vencimento antecipado, o § 6º traz uma nova hipótese: em caso de inadimplemento pelo fiduciante de quaisquer obrigações garantidas, o fiduciário poderá declarar vencidas as demais de que seja o titular e que estejam garantidas pelo mesmo imóvel fiduciado, ainda que a sua situação de credor decorra da sub-rogação permitida pelo art. 31, e iniciar os procedimentos para a execução extrajudicial.

Em razão do disposto no § 7º, essa hipótese de vencimento antecipado do § 6º também será aplicada na situação em que existirem propriedades fiduciárias supervenientes. Em outras palavras, declarada vencida antecipadamente a dívida atrelada à propriedade fiduciária originária, os demais credores fiduciários supervenientes também poderão declarar vencidos os seus respectivos créditos.

Contudo, é preciso cuidado aqui, pois, para a propriedade fiduciária superveniente se aperfeiçoar, é preciso que o devedor fiduciante (re)adquira a propriedade plena sobre o imóvel. Sem a eficácia plena do contrato de alienação fiduciária não há suporte para se declarar o inadimplemento absoluto do fiduciante para fins de consolidação de propriedade em nome do fiduciário.

Por isso, para que o vencimento antecipado aconteça em matéria de propriedade fiduciária superveniente, o § 8º estabelece que o instrumento da alienação fiduciária deve obrigatoriamente conter cláusula expressa nesse sentido.

Na situação de inadimplemento do fiduciante, o credor, ao optar pelo vencimento antecipado de todas as obrigações garantidas pela propriedade fiduciária, deverá informar tal pretensão ao fiduciante na intimação de que trata o § 1º do art. 26 (§ 9º).

O fiduciário deverá indicar precisamente nessa intimação todos os elementos que integram a dívida já vencida e as que se vencerão antecipadamente para possibilitar a purgação da mora pelo fiduciante ou a aquisição por terceiro licitante nos leilões extrajudiciais. Esse detalhamento é imprescindível até mesmo para as circunstâncias pós-leilões, especialmente para a destinação de eventual saldo positivo ao fiduciante.

De outro lado, em caso de haver saldo devedor mesmo após a realização dos leilões extrajudiciais, o fiduciário poderá promover a execução do fiduciante para satisfação integral de seu crédito, desde que o respectivo título expresse obrigação líquida, certa e exigível, exceto na hipótese do art. 26-A, objeto de comentários mais adiante.

O remanescente da dívida, porém, não estará mais garantido pela propriedade fiduciária considerada vencida.

Por fim, o § 10 estabelece que mesmo o credor fiduciário titular de direitos vinculados à propriedade fiduciária superveniente fica liberado dos efeitos da recuperação judicial do devedor fiduciante. Em outras palavras, tanto o crédito do fiduciário original quanto os créditos dos fiduciários supervenientes não se submeterão aos efeitos da recuperação judicial nos termos do § 3º do art. 49 da Lei n. 11.101/2005, o que confirma a existência da propriedade fiduciária superveniente desde a sua constituição, não obstante a sua eficácia plena esteja contida no aguardo do cumprimento da obrigação garantida pela propriedade fiduciária anterior.

JURISPRUDÊNCIA

"1. Ação de rescisão de compromisso de compra e venda de imóvel ajuizada em 28-6-2019, da qual foi extraído o presente recurso especial interposto em 4-11-2020 e concluso ao gabinete em 9-2-2022.

2. O propósito recursal é definir se a rescisão de contrato de compra e venda de imóvel com pacto adjeto de alienação fiduciária enseja, quanto ao pleito de restituição de valores pagos, a necessidade de observância do procedimento previsto na Lei n. 9.514/97, ainda que ausente o registro do contrato.

3. No ordenamento jurídico brasileiro, coexiste um duplo regime jurídico da propriedade fiduciária: a) o regime jurídico geral do Código Civil, que disciplina a propriedade fiduciária sobre coisas móveis infungíveis, sendo o credor fiduciário qualquer pessoa natural ou jurídica; b) o regime jurídico especial, formado por um conjunto de normas extravagantes, dentre as quais a Lei n. 9.514/97, que trata da propriedade fiduciária sobre bens imóveis.

4. **No regime especial da Lei n. 9.514/97, o registro do contrato tem natureza constitutiva, sem o qual a propriedade fiduciária e a garantia dela decorrente não se perfazem.**

5. Na **ausência de registro do contrato** que serve de título à propriedade fiduciária no competente Registro de Imóveis, como determina o art. 23 da Lei n. 9.514/97, não é exigível do adquirente que se submeta ao procedimento de venda extrajudicial do bem para só então receber eventuais diferenças do vendedor.

6. Recurso especial conhecido e não provido, com majoração de honorários."

(STJ, REsp 1.982.631/SP, rel. Min. Nancy Andrighi, *DJe* de 22-6-2022). (grifos nossos)

Capítulo 1 • Do aprimoramento das regras de garantias (Lei Federal n. 9.514/97)

"COMPRA E VENDA DE IMÓVEL – FINANCIAMENTO E PACTO ADJE-TO DE ALIENAÇÃO FIDUCIÁRIA – AÇÃO ANULATÓRIA C.C. REVI-SÃO CONTRATUAL – INTIMAÇÃO PESSOAL PARA PAGAR O DÉBITO VENCIDO – Certidão exarada pelo Cartório de Registro de Imóveis – Oficial de Registro que tem fé pública – Validade do ato – INTIMAÇÃO PES-SOAL DOS DEVEDORES QUANTO À DATA DAS PRAÇAS – AUSÊNCIA – Anulação dos leilões – Possibilidade de purgação da mora até a data da assinatura do auto de arrematação – PEDIDO REVISIONAL – Interesse de agir – Presença – CAPITALIZAÇÃO DE JUROS – Sistema SAC – Ausência de anatocismo – **CLÁUSULA DE VENCIMENTO ANTECIPADO DA DÍVIDA – Abusividade – Inocorrência, devendo ser observada a possibilidade de purgação da mora** – SEGURO PRESTAMISTA – Validade da contratação – Obrigatoriedade legal (art. 5º, IV, da Lei n. 9.514/97) – Cláusula de opção do consumidor no caso concreto – Venda casada não configurada – COMISSÃO DE PERMANÊNCIA – Ausência de pactuação – DEPÓSITOS NOS AUTOS – Purgação da mora – Apuração em liquidação de sentença. RECURSO PARCIALMENTE PROVIDO."

(TJSP, Ap. Cív. n. 1033672-23.2015.8.26.0562/SP, 26ª Câm. Dir. Priv., Rel. Des. Antonio Benedito do Nascimento, *DJ* 7-4-2021). (grifos nossos)

Art. 24	
Anterior	**Atual**
(...)	(...)
I o valor do principal da dívida;	I – o valor da dívida, sua estimação ou seu valor máximo;
(...)	(...)
V – a cláusula assegurando ao fiduciante, enquanto adimplente, a livre utilização, por sua conta e risco, do imóvel objeto da alienação fiduciária;	V – a cláusula que assegure ao fiduciante a livre utilização, por sua conta e risco, do imóvel objeto da alienação fiduciária, exceto a hipótese de inadimplência;
(...)	(...)
VII – a cláusula dispondo sobre os procedimentos de que trata o art. 27.	VII – a cláusula que disponha sobre os procedimentos de que tratam os arts. 26-A, 27 e 27-A desta Lei.

COMENTÁRIOS

O inciso I é alterado pelo legislador para possibilitar, além da indicação do valor da dívida, a sua estimação ou seu valor máximo.

Tendo em vista a possibilidade de indicar o valor estimado da dívida, é importante destacar a questão da liquidez da obrigação a ser executada. Não é preciso que a obrigação seja líquida no momento da sua contratação, mas sim no momento de sua execução. Todavia, todos os elementos necessários para conferir liquidez à obrigação devem estar presentes no contrato.

Considerando que o fiduciante deverá ser notificado para purgar a mora, é necessário que o fiduciário indique com precisão o valor a ser pago. Na hipótese em que o contrato apenas indicar a estimação da dívida, é preciso que antes da notificação se cuide da liquidação do valor para permitir a precisa purgação da mora pelo fiduciante ou o pagamento por terceiro em caso de licitante vencedor nos leilões extrajudiciais, bem como para as providências pós-leilões, com destaque para a destinação de eventual saldo positivo ao fiduciante.

Ainda que a lei seja silente a respeito, é possível (*rectius*: recomendável) que se regule no contrato a forma de realizar os cálculos para evidenciar com exatidão o valor principal da dívida, seus encargos e despesas contratuais, a parcela de juros (com seus critérios de incidência), a parcela de atualização monetária, a parcela de multas e penalidades contratuais, as despesas de cobrança e o valor total da dívida, nos moldes do que acontece com a cédula de crédito bancário (Lei n. 10.931/2004, art. 28, § 2º, I e II). Tal regulação auxilia na liquidez da dívida, sobretudo, nos casos de estimação e mitiga a judicialização da relação jurídica fiduciária para fins de discussão em torno do que se considera o saldo devedor (*quantum debeatur*).

O contrato também pode trazer o valor máximo da dívida. Assim, é possível que na sua origem o valor da dívida seja menor e ao fiduciante seja permitido obter novos empréstimos dentro do mesmo contrato, até o valor máximo previamente estabelecido, em correspondência com o lastro do imóvel fiduciado. A estipulação desse valor máximo é essencial para a atribuição de liquidez à obrigação expressa no título, característica que não se considera presente nos contratos de simples abertura de crédito, sem valor predeterminado.

As operações de abertura de limite de crédito são típicas de instituições financeiras. Melhim Namem Chalhub define-as como "negócio jurídico pelo qual o creditador se obriga a colocar determinada quantia à disposição do creditado, para que este saque de uma vez ou sucessivamente e a restitua ao creditador com juros, no prazo convencionado" (CHALHUB, 2021, p. 159).

O contrato de abertura de limite de crédito tratará das condições para a celebração das operações derivadas, que são aquelas em que o credor faz novos desembolsos ao devedor, respeitado o valor máximo previsto originariamente no contrato principal.

Também poderá estar previsto no contrato que o inadimplemento de qualquer operação facultará ao credor considerar vencidas antecipadamente todas as demais operações derivadas, tornando-se exigível a totalidade da dívida. Por totalidade da dívida entende-se a somatória de todas as operações derivadas, limitada ao valor máximo determinado no contrato principal.

O art. 6º da Lei n. 13.476/2017 estabelece que as garantias constituídas no instrumento de abertura do limite de crédito servirão para garantir todas as operações financeiras derivadas, independentemente de qualquer novo registro ou de averbação registrária.

Não será necessário o cancelamento da garantia anterior para registro de uma nova em decorrência de uma operação financeira derivada. A garantia inicialmente constituída, com indicação do valor máximo da dívida, servirá para garantir todas as operações realizadas dentro daquele respectivo contrato de abertura do limite de crédito.

No momento da execução, porém, o credor deverá indicar na intimação do fiduciante para purgar a mora, precisa e detalhadamente, todos os valores das obrigações derivadas inadimplidas. Vale destacar que, se o produto obtido com a execução da garantia não for suficiente para quitação da dívida das operações derivadas, o devedor e os eventuais prestadores de garantia pessoal continuarão obrigados pelo saldo devedor remanescente.

O inciso V trata, sem modificação ou inovação substancial, da cláusula também obrigatória que assegure ao fiduciante a livre utilização do imóvel enquanto estiver adimplente com as obrigações garantidas pela propriedade fiduciária.

Por sua vez, o inciso VII cuida apenas de remeter aos dispositivos legais que atualmente cuida da execução extrajudicial da propriedade fiduciária (arts. 26-A, 27 e 27-A).

Por fim, vale registrar importante brecha existente no inciso VI em matéria de indicação do valor do imóvel para efeito de alienação em leilão, não obstante inexista aqui alteração legislativa direta.

10 *Marco Legal das Garantias*

É conveniente que se regule no contrato o valor do imóvel tanto para o primeiro quanto para o segundo leilão, pois o parâmetro para cada um desses leilões é diferente e a nova disciplina da matéria no art. 27 é problemática, sobretudo, em matéria de segundo leilão.

JURISPRUDÊNCIA

"RECURSO ESPECIAL. PROCESSUAL CIVIL. EXCEÇÃO DE PRÉ-EXECUTIVIDADE. CÉDULA DE CRÉDITO BANCÁRIO. ALIENAÇÃO FIDUCIÁRIA DE IMÓVEL. PACTO ADJETO. EXECUÇÃO JUDICIAL. POSSIBILIDADE.

1. Recurso especial interposto contra acórdão publicado na vigência do Código de Processo Civil de 2015 (Enunciados Administrativos n. 2 e 3/STJ).

2. Cinge-se a controvérsia a definir se o credor de dívida garantida por alienação fiduciária de imóvel está obrigado a promover a execução extrajudicial de seu crédito na forma determinada pela Lei n. 9.514/97.

3. Hipótese em que a execução está lastreada em Cédula de Crédito Bancário.

4. A Cédula de Crédito Bancário, desde que satisfeitas as exigências do art. 28, § 2º, I e II, da Lei n. 10.931/2004, de modo a lhe conferir liquidez e exequibilidade, e desde que preenchidos os requisitos do art. 29 do mesmo diploma legal, é título executivo extrajudicial.

5. A constituição de garantia fiduciária como pacto adjeto ao financiamento instrumentalizado por meio de Cédula de Crédito Bancário em nada modifica o direito do credor de optar por executar o seu crédito de maneira diversa daquela estatuída na Lei n. 9.514/97 (execução extrajudicial).

6. Ao credor fiduciário é dada a faculdade de executar a integralidade de seu crédito judicialmente, desde que o título que dá lastro à execução esteja dotado de todos os atributos necessários – liquidez, certeza e exigibilidade.

7. Recurso especial não provido."

(STJ, REsp n. 1.965.973/SP, rel. Min. Ricardo Villas Bôas Cueva, *DJ* 22-2-2022).

Art. 25	
Anterior	**Atual**
(...)	(...)
§ 1º No prazo de trinta dias, a contar da data de liquidação da dívida, o fiduciário fornecerá o respectivo termo de quitação ao fiduciante, sob pena de multa em favor deste, equivalente a meio por cento ao mês, ou fração, sobre o valor do contrato.	§ 1º No prazo de 30 (trinta) dias, contado da data de liquidação da dívida, o fiduciário fornecerá o termo de quitação ao devedor e, se for o caso, ao terceiro fiduciante.

	§ 1º-A O não fornecimento do termo de quitação no prazo previsto no § 1º deste artigo acarretará multa ao fiduciário equivalente a 0,5% (meio por cento) ao mês, ou fração, sobre o valor do contrato, que se reverterá em favor daquele a quem o termo não tiver sido disponibilizado no referido prazo.

COMENTÁRIOS

Não existem grandes novidades legislativas na redação conferida ao art. 25 pela Lei n. 14.711/2023. No § 1º, procura-se contemplar também a figura do terceiro fiduciante, que pode figurar no contexto contratual como garantidor da obrigação. No mais, mantém-se o prazo de 30 dias para o fornecimento do termo de quitação, também contado da liquidação da dívida, sob pena de multa equivalente a meio por cento ao mês, ou fração, sobre o valor do contrato. A disciplina da sanção é deslocada para um parágrafo próprio (§ 1º-A), no qual se prevê como beneficiário quem deveria receber tempestivamente o termo de quitação (devedor ou terceiro fiduciante).

Art. 26	
Anterior	**Atual**
Vencida e não paga, no todo ou em parte, a dívida e constituído em mora o fiduciante, consolidar-se-á, nos termos deste artigo, a propriedade do imóvel em nome do fiduciário.	Vencida e não paga a dívida, no todo ou em parte, e constituídos em mora o devedor e, se for o caso, o terceiro fiduciante, será consolidada, nos termos deste artigo, a propriedade do imóvel em nome do fiduciário.
§ 1º Para os fins do disposto neste artigo, o fiduciante, ou seu representante legal ou procurador regularmente constituído, será intimado, a requerimento do fiduciário, pelo oficial do competente Registro de Imóveis, a satisfazer, no prazo de quinze dias, a prestação vencida e as que se vencerem até a data do pagamento, os juros convencionais, as penalidades e os demais encargos contratuais, os encargos legais, inclusive tributos, as contribuições condominiais imputáveis ao imóvel, além das despesas de cobrança e de intimação.	§ 1º Para fins do disposto neste artigo, o devedor e, se for o caso, o terceiro fiduciante serão intimados, a requerimento do fiduciário, pelo oficial do registro de imóveis competente, a satisfazer, no prazo de 15 (quinze) dias, a prestação vencida e aquelas que vencerem até a data do pagamento, os juros convencionais, as penalidades e os demais encargos contratuais, os encargos legais, inclusive os tributos, as contribuições condominiais imputáveis ao imóvel e as despesas de cobrança e de intimação.

	§ 1º-A Na hipótese de haver imóveis localizados em mais de uma circunscrição imobiliária em garantia da mesma dívida, a intimação para purgação da mora poderá ser requerida a qualquer um dos registradores competentes e, uma vez realizada, importa em cumprimento do requisito de intimação em todos os procedimentos de excussão, desde que informe a totalidade da dívida e dos imóveis passíveis de consolidação de propriedade.
§ 2º O contrato definirá o prazo de carência após o qual será expedida a intimação.	§ 2º O contrato poderá estabelecer o prazo de carência, após o qual será expedida a intimação.
	§ 2º-A Quando não for estabelecido o prazo de carência no contrato de que trata o § 2º deste artigo, este será de 15 (quinze) dias.
§ 3º A intimação far-se-á pessoalmente ao fiduciante, ou ao seu representante legal ou ao procurador regularmente constituído, podendo ser promovida, por solicitação do oficial do Registro de Imóveis, por oficial de Registro de Títulos e Documentos da comarca da situação do imóvel ou do domicílio de quem deva recebê-la, ou pelo correio, com aviso de recebimento.	§ 3º A intimação será feita pessoalmente ao devedor e, se for o caso, ao terceiro fiduciante, que por esse ato serão cientificados de que, se a mora não for purgada no prazo legal, a propriedade será consolidada no patrimônio do credor e o imóvel será levado a leilão nos termos dos arts. 26-A, 27 e 27-A desta Lei, conforme o caso, hipótese em que a intimação poderá ser promovida por solicitação do oficial do registro de imóveis, por oficial de registro de títulos e documentos da comarca da situação do imóvel ou do domicílio de quem deva recebê-la, ou pelo correio, com aviso de recebimento, situação em que se aplica, no que couber, o disposto no art. 160 da Lei n. 6.015, de 31 de dezembro de 1973 (Lei de Registros Públicos).
§ 4º Quando o fiduciante, ou seu cessionário, ou seu representante legal ou procurador encontrar-se em local ignorado, incerto ou inacessível, o fato será certificado pelo serventuário encarregado da diligência e informado ao oficial de Registro de Imóveis, que, à vista da certidão, promoverá a intimação por edital	§ 4º Quando o devedor ou, se for o caso, o terceiro fiduciante, o cessionário, o representante legal ou o procurador regularmente constituído encontrar-se em local ignorado, incerto ou inacessível, o fato será certificado pelo serventuário encarregado da diligência e informado ao oficial de registro de imóveis, que, à

publicado durante 3 (três) dias, pelo menos, em um dos jornais de maior circulação local ou noutro de comarca de fácil acesso, se no local não houver imprensa diária, contado o prazo para purgação da mora da data da última publicação do edital.	vista da certidão, promoverá a intimação por edital publicado pelo período mínimo de 3 (três) dias em jornal de maior circulação local ou em jornal de comarca de fácil acesso, se o local não dispuser de imprensa diária, contado o prazo para purgação da mora da data da última publicação do edital. § 4º-A É responsabilidade do devedor e, se for o caso, do terceiro fiduciante informar ao credor fiduciário sobre a alteração de seu domicílio. § 4º-B Presume-se que o devedor e, se for o caso, o terceiro fiduciante encontram-se em lugar ignorado quando não forem encontrados no local do imóvel dado em garantia nem no endereço que tenham fornecido por último, observado que, na hipótese de o devedor ter fornecido contato eletrônico no contrato, é imprescindível o envio da intimação por essa via com, no mínimo, 15 (quinze) dias de antecedência da realização de intimação edilícia. § 4º-C Para fins do disposto no § 4º deste artigo, considera-se lugar inacessível: I – aquele em que o funcionário responsável pelo recebimento de correspondência se recuse a atender a pessoa encarregada pela intimação; ou II – aquele em que não haja funcionário responsável pelo recebimento de correspondência para atender a pessoa encarregada pela intimação.

COMENTÁRIOS

O art. 26 cuida da consolidação da propriedade do imóvel em nome do fiduciário no caso de inadimplemento absoluto da dívida e foi objeto de alterações, sobretudo, em matéria de contemplação do terceiro fiduciante, intimação para caracterização da mora e existência de mais de um imóvel garantindo a mesma dívida.

14   *Marco Legal das Garantias*

Para que se proceda à consolidação da propriedade em nome do fiduciário, ele deverá requerer ao oficial do registro de imóveis competente que o devedor e, se for o caso, o terceiro fiduciante sejam intimados para que, no prazo de 15 dias, paguem a prestação vencida e aquelas que se vencerem até a data do efetivo pagamento, de acordo com a planilha que anexar ao requerimento, no que se incluem os juros convencionais, as penalidades e os demais encargos contratuais, os encargos legais, inclusive os tributos, as contribuições condominiais imputáveis ao imóvel e as despesas de cobrança e de intimação (§ 1º).

Caso a alienação fiduciária tenha como objeto de uma mesma dívida diversos imóveis situados em circunscrições imobiliárias diferentes, a intimação do fiduciante para purgação da mora poderá ser requerida pelo fiduciário em qualquer um dos respectivos registros de imóveis, não sendo necessário requerê-la em todos ao mesmo tempo.

Uma vez realizada a intimação do fiduciante para purgação da mora em um determinado registro imobiliário, ela servirá para o cumprimento do requisito de intimação em todos os demais.

Para tanto, o fiduciário deverá informar no seu requerimento inicial a totalidade da dívida executada e indicar os imóveis que serão passíveis de consolidação da propriedade (§ 1º-A).

Na falta de integração sistêmica entre os registros de imóveis das circunscrições em que inscrita a propriedade fiduciária, capaz de compartilhar eletronicamente a informação da intimação do fiduciante, o próprio fiduciário deverá protocolar comprovantes da intimação positiva nas demais serventias registrárias.

Por sua vez, a nova redação do § 2º prevê que o contrato poderá definir um prazo de carência prévio à expedição da intimação para fins de purgação da mora pelo fiduciante. Não há mais um comando legal cogente nesse sentido ("poderá estabelecer", em vez de "definirá").

Entretanto, na falta da sua estipulação, esse prazo de carência será de 15 dias, nos termos do § 2º-A. É somente após o esgotamento do prazo convencional ou quinzenal que se poderá expedir a intimação para o fiduciante purgar a mora.

A intimação do devedor e, se for o caso, do terceiro fiduciante continua a ser obrigatoriamente pessoal. O recado a ser dado por essa comunicação foi explicitado pelo legislador e é o seguinte: caso não haja a purgação da mora, a propriedade do imóvel será consolidada em

Capítulo 1 • Do aprimoramento das regras de garantias (Lei Federal n. 9.514/97)   15

nome do fiduciário e serão realizados os leilões extrajudiciais nos termos dos arts. 26-A, 27 e 27-A da Lei Federal n. 9.514/97. O principal efeito da não purgação da mora é a conversão desta (mora) em inadimplemento absoluto. É o inadimplemento absoluto que autoriza a consolidação da propriedade em nome do fiduciário, como veremos adiante.

A intimação de que aqui se trata poderá ser feita (i) pelo oficial do registro de imóveis, (ii) pelo oficial de registro de títulos e documentos da mesma comarca do imóvel objeto da garantia ou do domicílio de quem deva recebê-la ou (iii) pelo correio com aviso de recebimento (§ 3º).

A parte final do § 3º estabelece que deverá ser aplicado, no que couber, o disposto no art. 160 da Lei n. 6.015/73. Esse dispositivo trata das notificações extrajudiciais conduzidas pelo oficial do registro de títulos e documentos. A ressalva parece não ter ficado no local apropriado, pois dá a impressão de que também se aplicaria à intimação pelo correio, o que não nos parece adequado.

No § 4º, o legislador manteve as condições jurídicas que justificam a intimação do fiduciante por edital e explicitou a figura do terceiro garantidor (fiduciante) como possível destinatário da intimação, qualificou a condição do procurador constituído nessas circunstâncias ("regularmente constituído") e deixou mais claro que o edital a ser publicado em jornal na hipótese de não localização do destinatário da intimação deve observar período *mínimo* de três dias de publicidade. Trata-se de um prazo mínimo legal; à luz das circunstâncias do caso concreto, esse período pode ser estendido.

Durante a vigência da garantia fiduciária imobiliária, será responsabilidade do devedor ou do terceiro fiduciante informar o fiduciário sobre eventuais alterações de domicílio (§ 4º-A). O domicílio da pessoa natural é disciplinado nos arts. 70 e seguintes do Código Civil e o domicílio da pessoa jurídica é regulado no art. 75 do mesmo Código.

Será presumido que o devedor e o terceiro fiduciante estão em lugar ignorado quando não forem encontrados no local do imóvel objeto da garantia fiduciária nem no endereço que tenham fornecido no contrato ou em comunicação posterior (§ 4º-B). Entretanto, se informado no contrato de alienação fiduciária endereço eletrônico de comunicação, o edital somente poderá ser publicado depois de 15 dias da tentativa eletrônica de contato. Trata-se de uma última oportunidade de intimação real, antes de se partir para a comunicação ficta. A tentativa eletrônica de contato nessas circunstâncias não é mera faculdade, mas uma providência obrigatória, a ser tomada pelo oficial registrador condutor da execução fiduciária imobiliária (§ 4º-B).

Por fim, o legislador estabelece que será considerado lugar inacessível, para a finalidade do § 4º desse artigo, (i) aquele em que o funcionário responsável pelo recebimento de correspondência se recuse a atender a pessoa encarregada da intimação ou (ii) aquele em que não exista funcionário apto a receber a pessoa encarregada da intimação (§ 4º-C).

JURISPRUDÊNCIA

"DIREITO CIVIL E PROCESSUAL CIVIL. RECURSO ESPECIAL. AÇÃO ANULATÓRIA DE LEILÃO EXTRAJUDICIAL. ALIENAÇÃO FIDUCIÁRIA. EMBARGOS DE DECLARAÇÃO. OMISSÃO, CONTRADIÇÃO OU OBSCURIDADE. NÃO INDICAÇÃO. SÚMULA 284/STF. DECISÃO SURPRESA. CONSTITUIÇÃO EM MORA.

PREQUESTIONAMENTO. AUSÊNCIA. SÚMULA 211/STJ. INTIMAÇÃO DA DEVEDORA FIDUCIANTE PARA A PURGAÇÃO DA MORA. EDITAL. AUSÊNCIA DE ESGOTAMENTO DE TODOS OS MEIOS PARA A INTIMAÇÃO PESSOAL. INVALIDADE DA CONSOLIDAÇÃO DA PROPRIEDADE DO IMÓVEL E DO PROCEDIMENTO EXPROPRIATÓRIO. HONORÁRIOS ADVOCATÍCIOS. ALTERAÇÃO DO MONTANTE FIXADO. REEXAME DE FATOS E PROVAS. INADMISSIBILIDADE.

1. Ação anulatória de leilão extrajudicial, tendo em vista supostas irregularidades ocorridas no procedimento de excussão de imóvel da devedora fiduciante, objeto de garantia de cédula de crédito bancário.

2. Ação ajuizada em 22-5-2015. Recurso especial concluso ao gabinete em 2-12-2020. Julgamento: CPC/2015.

3. O propósito recursal, a par de decidir acerca da ocorrência de negativa de prestação jurisdicional, é definir se: (i) houve a prolação de decisão surpresa, em evidente afronta ao disposto no art. 10 do CPC/2015; (ii) é possível, na presente hipótese, admitir a intimação por edital da devedora fiduciante acerca do leilão extrajudicial do imóvel dado em garantia; (iii) dados os comportamentos contraditórios da devedora fiduciante pode-se considerar que a mesma foi constituída em mora; e (iv) a verba fixada a título de honorários advocatícios merece ser revista.

4. A ausência de expressa indicação de obscuridade, omissão ou contradição nas razões recursais enseja o não conhecimento do recurso especial.

5. A ausência de decisão acerca dos argumentos invocados pelo recorrente em suas razões recursais, não obstante a oposição de embargos de declaração, impede o conhecimento do recurso especial.

Capítulo 1 • Do aprimoramento das regras de garantias (Lei Federal n. 9.514/97)

6. A intimação por edital para fins de purgação da mora no procedimento de alienação fiduciária de coisa imóvel pressupõe o esgotamento de todas as possibilidades de localização do devedor.

7. A intimação pessoal, por sua vez, pode ser realizada de 3 maneiras: (i) por solicitação do Oficial de Registro de Imóveis; (ii) por oficial de Registro de Títulos e Documentos da comarca da situação do imóvel ou do domicílio de quem deva recebê-la; ou (iii) pelo correio, com aviso de recebimento, sendo essa a melhor interpretação da norma contida no art. 26, § 3º, da Lei n. 9.514/97.

8. **Na espécie, tem-se que o credor fiduciário sequer tentou promover a intimação pessoal da recorrida por meio dos correios, com aviso de recebimento, passando diretamente, após três tentativas de intimação pessoal pelo oficial cartorário, a promover a intimação por edital da mesma**.

9. Ademais, **a intimação por edital**, nos termos do art. 26, § 4º, da Lei n. 9.514/97, **por ser medida extrema**, exige que o fiduciante, seu representante legal ou procurador **encontre-se em local ignorado, incerto ou inacessível**, o que não se confunde com a hipótese dos autos em que, realizadas as tentativas de intimação, não foi o oficial do Cartório recebido pela recorrida – por alegados motivos de doença e locomoção em cadeira de rodas –, mas confirmado, pelo funcionário que trabalha no edifício, que a mesma residia no local diligenciado.

10. Alterar o decidido no acórdão impugnado, no que se refere à razoabilidade e proporcionalidade do valor arbitrado a título de honorários advocatícios, exige o reexame de fatos e provas, o que é vedado em recurso especial pela Súmula 7/STJ.

11. Recurso especial parcialmente conhecido e, nessa extensão, não provido."
(STJ, REsp 1.906.475/AM, rel. Min. Nancy Andrighi, *DJe* de 20-5-2021). (grifos nossos)

"1. Pretensão do devedor de decretação da nulidade da intimação edilícia, porquanto o credor teria procedido à notificação por edital de forma irregular.

2. Hipótese em que, após duas tentativas frustradas de intimação pessoal do devedor, o Oficial do Registro de Imóveis foi informado por sua genitora, também moradora do imóvel, que ele estaria residindo em outro país, procedendo-se, então, à notificação por edital.

3. Regular cumprimento do procedimento previsto na Lei n. 9.514/97, com a tentativa de notificação pessoal do devedor e, não sendo possível, procedendo-se à intimação edilícia.

4. Para além do cumprimento do procedimento previsto na Lei n. 9.514/97, **há deveres inerentes às partes nas relações contratuais que exigira do devedor, até a extinção da obrigação, o dever de manter seu endereço atualizado**. Precedentes desta Corte.

5. Recurso especial parcialmente conhecido e, nesta parte, desprovido."
(STJ, REsp 1.854.329/RO, rel. Min. Paulo de Tarso Sanseverino, *DJe* 29-4-2022). (grifos nossos)

"PROCESSO CIVIL E TRIBUTÁRIO. RECURSO ESPECIAL. ENUNCIADO ADMINISTRATIVO N. 3/STJ. ITBI. ALIENAÇÃO FIDUCIÁRIA DE BEM IMÓVEL.
INADIMPLEMENTO POR PARTE DO DEVEDOR-FIDUCIANTE. CONSOLIDAÇÃO DA PROPRIEDADE PLENA EM NOME DO CREDOR-FIDUCIÁRIO. IMPOSTO SOBRE A TRANSMISSÃO 'INTER VIVOS' DE BENS IMÓVEIS E DIREITOS A ELES RELATIVOS – ITBI. INCIDÊNCIA. RECURSO ESPECIAL NÃO PROVIDO.
1. A hipótese destes autos cinge-se em averiguar se é devido ou não o recolhimento do ITBI por ocasião da consolidação da propriedade do imóvel em nome do credor fiduciário nos casos de inadimplemento pelo devedor fiduciante.
2. Deveras, de acordo com o Código Tributário Nacional, o fato gerador do ITBI ocorre com a transmissão onerosa, a qualquer título, da propriedade ou do domínio útil de bens imóveis por natureza ou por acessão física, ou, ademais, em face da transmissão onerosa de direitos reais sobre imóveis, exceto os direitos reais de garantia, e, por fim, com a cessão de direitos relativos às transmissões anteriormente mencionadas.
3. A questão jurídica posta neste apelo especial busca examinar a incidência de ITBI na execução do contrato de alienação fiduciária em razão do inadimplemento do devedor-fiduciante e consolidação da garantia real a favor do credor-fiduciante.
4. Deveras, este contrato de direito real se materializa com o registro do contrato fiduciário no Registro de Imóveis competente, cujo teor confere ao credor-fiduciário a propriedade resolúvel do imóvel pactuado, com o exercício da posse indireta desse bem, **cabendo ao devedor-fiduciante, por sua vez, a posse direta, exercendo-a através de uma condição negocial resolutória, condicionado ao regular adimplemento das prestações pactuadas com o credor-fiduciário**, nos termos do art. 23 da Lei n. 9.514/97.
5. O tratamento tributário quanto à incidência do ITBI no momento de resolução da garantia firmada – como no caso em tela –, merece ser enfrentado. Na hipótese de a dívida oriunda do contrato de alienação fiduciária vir a vencer sem o adimplemento integral ou parcialmente do débito, o devedor fiduciante será intimado a recolher o valor do débito e, caso não haja a regularização desta dívida, a propriedade do imóvel oferecido em garantia será consolidada em favor do credor fiduciário, nos termos do art. 26, *caput*, da Lei n. 9.514/97.

Capítulo 1 • Do aprimoramento das regras de garantias (Lei Federal n. 9.514/97) 19

Como a hipótese referida ocasiona a desconstituição do contrato real de garantia, de modo a consolidar a propriedade plena do imóvel pactuado ao credor-fiduciário, retornará para este o domínio integral de todos os poderes inerentes ao direito real sobre o bem imóvel (art. 1.225, I, do Código Civil), caracterizando-se neste ínterim um ato de transmissão, a qualquer título, de um domínio de propriedade, que por igual sentido, acarretará a deflagração da hipótese de incidência do art. 35, I, do CTN, validando-se outrossim, a determinação contida no art. 26, § 7º, da Lei n. 9.514/97.

6. Recurso Especial não provido."

(STJ, REsp 1.844.279/DF, rel. Min. Mauro Campbell, *DJe* 14-5-2020). (grifos nossos)

Art. 26-A	
Anterior	**Atual**
Os procedimentos de cobrança, purgação de mora e consolidação da propriedade fiduciária relativos às operações de financiamento habitacional, inclusive as operações do Programa Minha Casa, Minha Vida, instituído pela Lei n. 11.977, de 7 de julho de 2009, com recursos advindos da integralização de cotas no Fundo de Arrendamento Residencial (FAR), sujeitam-se às normas especiais estabelecidas neste artigo.	Os procedimentos de cobrança, purgação de mora, consolidação da propriedade fiduciária e leilão decorrentes de financiamentos para aquisição ou construção de imóvel residencial do devedor, exceto as operações do sistema de consórcio de que trata a Lei n. 11.795, de 8 de outubro de 2008, estão sujeitos às normas especiais estabelecidas neste artigo.
(...)	(...)
§ 2º Até a data da averbação da consolidação da propriedade fiduciária, é assegurado ao devedor fiduciante pagar as parcelas da dívida vencidas e as despesas de que trata o inciso II do § 3º do art. 27, hipótese em que convalescerá o contrato de alienação fiduciária.	§ 2º Até a data da averbação da consolidação da propriedade fiduciária, é assegurado ao devedor e, se for o caso, ao terceiro fiduciante pagar as parcelas da dívida vencidas e as despesas de que trata o inciso II do § 3º do art. 27 desta Lei, hipótese em que convalescerá o contrato de alienação fiduciária.
	§ 3º No segundo leilão, será aceito o maior lance oferecido desde que seja igual ou superior ao valor integral da dívida garantida pela alienação fiduciária mais antiga vigente sobre o bem, das despesas, inclusive emolumentos cartorários, dos prêmios de seguro, dos encargos legais, inclusive tributos, e das contribuições condominiais.

> § 4º Se no segundo leilão não houver lance que atenda ao referencial mínimo para arrematação estabelecido no § 3º deste artigo, a dívida será considerada extinta, com recíproca quitação, hipótese em que o credor ficará investido da livre disponibilidade.
>
> § 5º A extinção da dívida no excedente ao referencial mínimo para arrematação configura condição resolutiva inerente à dívida e, por isso, estende-se às hipóteses em que o credor tenha preferido o uso da via judicial para executar a dívida.

COMENTÁRIOS

Para as especiais situações de financiamento para aquisição ou construção de imóvel residencial do fiduciante, o procedimento de execução da garantia fiduciária será temperado por regras igualmente especiais em matéria de purgação da mora, consolidação da propriedade em nome do fiduciário e realização dos leilões. Excluem-se do âmbito de incidência dessas regras especiais as operações relativas ao sistema de consórcio, tratadas na Lei Federal n. 11.795/2008 e sujeitas ao regime geral do art. 27 da Lei Federal n. 9.514/97[1].

Nesse ambiente especial, a lei pretende garantir melhores condições para que o fiduciante ou o terceiro garantidor possa pagar as parcelas vencidas e as despesas em aberto. Assim, essas providências de pagamento podem ocorrer entre a data da intimação do fiduciante para purgação da mora e a data de averbação da consolidação da propriedade do imóvel fiduciado em nome do fiduciário. A consolidação da propriedade neste ambiente especial, por sua vez, somente poderá ocorrer 30 dias após a expiração do prazo para purgação da mora. Pode-se falar, então, que o fiduciante teria o prazo de 45 (15 + 30) dias para purgar a mora (§ 2º).

As especialidades se espraiam também para o segundo leilão. Aqui, sendo do espírito do legislador que tudo se resolva no âmbito do leilão

---

[1] Isso significa, por exemplo, que o fiduciante no âmbito das operações de consórcio ficará responsável pelo pagamento integral das obrigações pecuniárias estabelecidas no contrato de participação em grupo de consórcio por adesão, inclusive da parte que remanescer após a execução da garantia fiduciária.

Capítulo 1 • Do aprimoramento das regras de garantias (Lei Federal n. 9.514/97)   21

em matéria de financiamento de imóvel residencial, sem subsequentes atividades executivas, estabelece-se no § 3º a possibilidade de aceitação de qualquer lance que alcance o valor integral da dívida e de tudo o mais que a ela se soma (despesas, prêmios, encargos, tributos etc.).

Por mais que se queira resolver tudo no âmbito do leilão, não é apenas o valor integral da dívida que se deve observar nessas circunstâncias. Como se verá com maior profundidade nos subsequentes comentários ao art. 27, é preciso respeitar também a *metade do valor da avaliação*, à luz das noções de *preço vil* (CPC, art. 891) e *devido processo legal* (CF, art. 5º, LIV), inafastáveis em matéria de expropriação de bens. Em outras palavras, não é tolerável, em geral, a expropriação de um bem por menos da metade do seu valor de avaliação.

Quando a dívida é grande, aderente ao valor do imóvel e pouco dela foi objeto de adimplemento, a orientação do ato expropriatório pelo tamanho do saldo em aberto tende a ser algo que naturalmente preserva o devido processo legal na expropriação do bem.

Todavia, é perfeitamente possível que se esteja diante de dívida pequena, representativa de uma irrisória fração do valor do imóvel e objeto de adimplemento quase integral. Daí não se poder conferir ao valor da dívida status de referência absoluta nesse contexto. Por isso, para ser aceito, o lance deve, ao menos e sempre, equivaler a metade do valor de avaliação do bem; é esse o grande requisito para o aperfeiçoamento do ato expropriatório em segundo leilão, ao contrário do que sugere o texto legal.

Caso não haja lance que atenda ao valor mínimo estabelecido no § 3º, a dívida será considerada extinta, com recíproca quitação (§ 4º). Nessa situação o fiduciário tornar-se-á proprietário pleno do imóvel e será investido da sua livre disponibilidade.

Por fim, o § 5º estabelece que a extinção da dívida naquilo que exceder o resultado dos leilões extrajudiciais constitui condição resolutiva inerente e deverá ser estendida às situações em que o credor tenha optado pela execução judicial da dívida.

Art. 27	
Anterior	**Atual**
Uma vez consolidada a propriedade em seu nome, o fiduciário, no prazo de trinta dias, contados da data do registro de que trata o § 7º do artigo anterior, promoverá público leilão para a alienação do imóvel.	Consolidada a propriedade em seu nome, o fiduciário promoverá leilão público para a alienação do imóvel, no prazo de 60 (sessenta) dias, contado da data do registro de que trata o § 7º do art. 26 desta Lei.

(...)	(...)
§ 2º No segundo leilão, será aceito o maior lance oferecido, desde que igual ou superior ao valor da dívida, das despesas, dos prêmios de seguro, dos encargos legais, inclusive tributos, e das contribuições condominiais.	§ 2º No segundo leilão, será aceito o maior lance oferecido, desde que seja igual ou superior ao valor integral da dívida garantida pela alienação fiduciária, das despesas, inclusive emolumentos cartorários, dos prêmios de seguro, dos encargos legais, inclusive tributos, e das contribuições condominiais, podendo, caso não haja lance que alcance referido valor, ser aceito pelo credor fiduciário, a seu exclusivo critério, lance que corresponda a, pelo menos, metade do valor de avaliação do bem.
§ 2º-A. Para os fins do disposto nos §§ 1º e 2º deste artigo, as datas, horários e locais dos leilões serão comunicados ao devedor mediante correspondência dirigida aos endereços constantes do contrato, inclusive ao endereço eletrônico.	§ 2º-A Para fins do disposto nos §§ 1º e 2º deste artigo, as datas, os horários e os locais dos leilões serão comunicados ao devedor e, se for o caso, ao terceiro fiduciante, por meio de correspondência dirigida aos endereços constantes do contrato, inclusive ao endereço eletrônico.
§ 2º-B. Após a averbação da consolidação da propriedade fiduciária no patrimônio do credor fiduciário e até a data da realização do segundo leilão, é assegurado ao devedor fiduciante o direito de preferência para adquirir o imóvel por preço correspondente ao valor da dívida, somado aos encargos e despesas de que trata o § 2º deste artigo, aos valores correspondentes ao imposto sobre transmissão intervivos e ao laudêmio, se for o caso, pagos para efeito de consolidação da propriedade fiduciária no patrimônio do credor fiduciário, e às despesas inerentes ao procedimento de cobrança e leilão, incumbindo, também, ao devedor fiduciante o pagamento dos encargos tributários e despesas exigíveis para a nova aquisição do imóvel, de que trata este parágrafo, inclusive custas e emolumentos.	§ 2º-B Após a averbação da consolidação da propriedade fiduciária no patrimônio do credor fiduciário e até a data da realização do segundo leilão, é assegurado ao fiduciante o direito de preferência para adquirir o imóvel por preço correspondente ao valor da dívida, somado às despesas, aos prêmios de seguro, aos encargos legais, às contribuições condominiais, aos tributos, inclusive os valores correspondentes ao imposto sobre transmissão intervivos e ao laudêmio, se for o caso, pagos para efeito de consolidação da propriedade fiduciária no patrimônio do credor fiduciário, e às despesas inerentes aos procedimentos de cobrança e leilão, hipótese em que incumbirá também ao fiduciante o pagamento dos encargos tributários e das despesas exigíveis para a nova aquisição do imóvel, inclusive das custas e dos emolumentos.
§ 3º (...)	§ 3º (...)

Capítulo 1 • Do aprimoramento das regras de garantias (Lei Federal n. 9.514/97)

II – despesas: a soma das importâncias correspondentes aos encargos e custas de intimação e as necessárias à realização do público leilão, nestas compreendidas as relativas aos anúncios e à comissão do leiloeiro.	II – despesas: a soma das importâncias correspondentes aos encargos e às custas de intimação e daquelas necessárias à realização do leilão público, compreendidas as relativas aos anúncios e à comissão do leiloeiro; e
	III – encargos do imóvel: os prêmios de seguro e os encargos legais, inclusive tributos e contribuições condominiais.
§ 4º Nos cinco dias que se seguirem à venda do imóvel no leilão, o credor entregará ao devedor a importância que sobejar, considerando-se nela compreendido o valor da indenização de benfeitorias, depois de deduzidos os valores da dívida e das despesas e encargos de que tratam os §§ 2º e 3º, fato esse que importará em recíproca quitação, não se aplicando o disposto na parte final do art. 516 do Código Civil.	§ 4º Nos 5 (cinco) dias que se seguirem à venda do imóvel no leilão, o credor entregará ao fiduciante a importância que sobejar, nela compreendido o valor da indenização de benfeitorias, depois de deduzidos os valores da dívida, das despesas e dos encargos de que trata o § 3º deste artigo, o que importará em recíproca quitação, hipótese em que não se aplica o disposto na parte final do art. 516 da Lei n. 10.406, de 10 de janeiro de 2002 (Código Civil).
§ 5º Se, no segundo leilão, o maior lance oferecido não for igual ou superior ao valor referido no § 2º, considerar-se-á extinta a dívida e exonerado o credor da obrigação de que trata o § 4º.	§ 5º Se no segundo leilão não houver lance que atenda ao referencial mínimo para arrematação estabelecido no § 2º, o fiduciário ficará investido na livre disponibilidade do imóvel e exonerado da obrigação de que trata o § 4º deste artigo.
	§ 5º-A Se o produto do leilão não for suficiente para o pagamento integral do montante da dívida, das despesas e dos encargos de que trata o § 3º deste artigo, o devedor continuará obrigado pelo pagamento do saldo remanescente, que poderá ser cobrado por meio de ação de execução e, se for o caso, excussão das demais garantias da dívida, ressalvada a hipótese de extinção do saldo devedor remanescente prevista no § 4º do art. 26-A desta Lei.
§ 6º Na hipótese de que trata o parágrafo anterior, o credor, no prazo de cinco dias a contar da data do segundo leilão, dará ao devedor quitação da dívida, mediante termo próprio.	§ 6º (Revogado)

	§ 6º-A Na hipótese de que trata o § 5º, para efeito de cálculo do saldo remanescente de que trata o § 5º-A, será deduzido o valor correspondente ao referencial mínimo para arrematação do valor atualizado da dívida, conforme estabelecido no § 2º deste artigo, incluídos os encargos e as despesas de cobrança.
(...)	(...)
	§ 11. Os direitos reais de garantia ou constrições, inclusive penhoras, arrestos, bloqueios e indisponibilidades de qualquer natureza, incidentes sobre o direito real de aquisição do fiduciante não obstam a consolidação da propriedade no patrimônio do credor fiduciário e a venda do imóvel para realização da garantia. § 12. Na hipótese prevista no § 11 deste artigo, os titulares dos direitos reais de garantia ou constrições sub-rogam-se no direito do fiduciante à percepção do saldo que eventualmente restar do produto da venda.

COMENTÁRIOS

Consolidada a propriedade em nome do fiduciário, ele deverá realizar os leilões públicos extrajudiciais para alienação do imóvel no prazo de 60 dias contados da data do registro da referida consolidação. Trata-se aqui de ato de autêntico registro, por se tratar de transferência de direito de natureza real; o que se consolida no fiduciário são atributos do direito de propriedade, portanto de natureza real, que nunca pertenceram a ele. Aliás, podia o legislador ter aproveitado o momento de inovação legislativa para corrigir o § 7º do art. 26 e adequá-lo ao ato de registro, em vez de manter neste texto legal a expressão "averbação".

Note-se que o *caput* do art. 27 refere-se à consolidação da propriedade como ato de registro, mas ao mesmo tempo faz referência ao § 7º do art. 26, onde consta que o ato é de averbação.

Vale destacar aqui o entendimento dos nossos tribunais no sentido da necessidade de intimação do devedor e, se for o caso, do terceiro

Capítulo 1 • Do aprimoramento das regras de garantias (Lei Federal n. 9.514/97)   25

fiduciante sobre as datas em que serão realizados os leilões, mesmo que ele já tenha sido anteriormente intimado para a purgação da mora. Tal providência tem como objetivo assegurar ao devedor o exercício do seu direito de (i) purgação da mora, para contratos celebrados antes da Lei n. 13.465/2017, ou (ii) preferência na aquisição em leilão, para os contratos celebrados após a referida lei de 2017. A inobservância da intimação prévia do fiduciante para os leilões tem sido tratada pela jurisprudência como causa de nulidade destes.

As datas, horários e locais dos leilões serão objeto de comunicação pelo fiduciário ao fiduciante, dirigida aos endereços constantes do contrato, inclusive o endereço eletrônico.

Em matéria de segundo leilão, o legislador continua orientando a atividade expropriatória, sobretudo, por valor igual ou superior à dívida e a tudo o mais que se soma a ela (despesas, inclusive emolumentos cartorários, prêmios de seguro, encargos legais, inclusive tributos, e contribuições condominiais), como denuncia o atual texto do § 2º. Todavia, é introduzido um novo e alternativo parâmetro para fins expropriatórios na parte final do mesmo § 2º, que o legislador diz ser algo que ficaria a "exclusivo critério" do credor fiduciário aceitar ou não: "lance que corresponda a, pelo menos, metade do valor de avaliação do bem".

A noção de "metade do valor de avaliação do bem" remete naturalmente ao conceito de preço vil, expresso no parágrafo único do art. 891 do Código de Processo Civil: "considera-se vil o preço inferior ao mínimo estipulado pelo juiz e constante do edital, e, não tendo sido fixado preço mínimo, considera-se vil o preço inferior a cinquenta por cento do valor da avaliação". O *caput* do mesmo art. 891 traz uma importante advertência em matéria expropriatória: "não será aceito lance que ofereça preço vil".

Isso dialoga com a garantia constitucional do devido processo legal, sem o qual *ninguém será privado dos seus bens* (CF, art. 5º, LIV). Sendo da essência do devido processo legal o direito a "um processo *justo e équo*" (DINAMARCO, 2014, p. 130), não seria tolerável, em geral, a expropriação de um bem por menos da metade do seu valor de avaliação.

Esses parâmetros universais levam a uma reflexão em torno do § 2º.

Quando a dívida é grande, aderente ao valor do imóvel e pouco dela foi objeto de adimplemento, a orientação do ato expropriatório pelo tamanho do saldo em aberto tende a ser algo que naturalmente preserva o devido processo legal na expropriação do bem. Aliás, é para essas situações que o § 2º parece ter sido pensado.

Todavia, como exemplificamos anteriormente, é perfeitamente possível que se esteja diante de dívida irrisória, representativa de uma pequena fração do valor do imóvel e objeto de adimplemento quase integral. Nessas circunstâncias, como aceitar que apenas o valor do saldo em aberto seja referência para o ato expropriatório do segundo leilão? Como entender que "metade do valor de avaliação do bem" seria referência para o mero exercício de um ato discricionário pelo credor (aceitar ou não um lance com essas características)?

Por isso, mais do que referência para fins da prática de um ato discricionário, a metade do valor de avaliação do bem afigura-se como um piso mínimo para fins de expropriação nessas circunstâncias, para afastar alegações de preço vil e de enriquecimento sem causa do fiduciário ou de terceiros adquirentes. Assim, para ser aceito, o lance deve, ao menos e sempre, equivaler a metade do valor de avaliação do bem. Logo é possível afirmar que se está diante aqui do grande requisito para o aperfeiçoamento do ato expropriatório em segundo leilão, ao contrário do que sugere o texto legal.

Afinal, ainda que não atingido o valor da dívida, a expropriação se aperfeiçoa pela metade do valor de avaliação do imóvel e o credor pode ir atrás do devedor pelo saldo, nos termos do § 5º-A.

Até que se realize esse segundo leilão, fica preservado o direito de preferência do fiduciante na aquisição do imóvel, expressamente previsto em lei (art. 27, § 2º-B) e exercível desde o ato registrário de consolidação da propriedade no fiduciário até a data de realização do segundo leilão extrajudicial.

Nesse caso de exercício do direito de preferência pelo fiduciante, o valor de aquisição deve compreender o valor da dívida, das despesas, dos prêmios de seguro, dos encargos legais, das contribuições condominiais, das despesas inerentes à cobrança e ao leilão, dos tributos, inclusive os valores correspondentes ao imposto de transmissão inter-vivos e do laudêmio, se o caso, pagos por ocasião da consolidação da propriedade pelo fiduciário.

Também deverá ser de responsabilidade do fiduciante, por exercer o direito de preferência, o pagamento dos encargos tributários e das

Capítulo 1 • Do aprimoramento das regras de garantias (Lei Federal n. 9.514/97)

despesas decorrentes da nova aquisição do imóvel, como as custas e os emolumentos notariais e registrários (§ 2º-B).

Ao exercer o direito de preferência, o fiduciante realizará um negócio jurídico de compra e venda com o fiduciário, pois este, com o inadimplemento absoluto do fiduciante, consolidou todos os atributos do direito real de propriedade.

Com a inclusão de um inciso III ao § 3º, o legislador procura esclarecer que estão compreendidos pela noção de "encargos do imóvel" os prêmios de seguro e encargos legais, além de tributos e contribuições condominiais. Aqui, teria sido melhor fazer uso de expressões idênticas tanto neste inciso no § 2º-B.

Os §§ 4º a 6º-A cuidam do resultado do segundo leilão e dos seus possíveis desdobramentos. Se o resultado do leilão for positivo e superior a dívida e a tudo o que a ela se acresce, o saldo é entregue ao devedor em até cinco dias do aperfeiçoamento da venda em leilão (§ 4º).

Na hipótese de não haver lance que atenda ao piso mínimo estabelecido no § 2º, o fiduciário tornar-se-á titular da propriedade plena do imóvel e terá a sua livre disponibilidade (§ 5º).

Questão a ser resolvida nesse contexto é a do valor pelo qual o bem se incorpora ao patrimônio do credor para fins de aferição de saldo remanescente, especialmente à luz da leitura que se propõe para o § 2º, com a metade do valor da avaliação servindo como piso mínimo para fins expropriatórios, com apoio na legislação processual civil invocada mais acima. E é justamente esse o parâmetro que se sugere para fins da incorporação do bem ao patrimônio do credor, inclusive com previsão em contrato, como pontuado nos comentários ao art. 24 *in fine*.

Tendo como valor mínimo a metade do valor da avaliação do imóvel, então, apura-se se há algum saldo a ser entregue e para qual das partes ele deve ir. Por isso, entendemos que não é possível uma interpretação literal da exoneração prevista na parte final do § 5º, pois se houver saldo a ser entregue ao fiduciante no confronto *valor da dívida e tudo o que a ela se acresce* x *metade do valor da avaliação*, ele deve ser entregue nos termos do § 4º.

Por sua vez, o § 11 trata da prioridade da propriedade fiduciária sobre direitos reais de garantia ou constrições judiciais ou administrativas, como penhoras, arrestos, bloqueios e indisponibilidades de qualquer natureza que tenham como objeto o direito real de aquisição do fiduciante[2], constituídos após o registro da alienação fiduciária.

Tais direitos reais de garantia ou constrições constituídos posteriormente à propriedade fiduciária não obstarão a consolidação da propriedade do imóvel pelo fiduciário, em caso de inadimplemento absoluto pelo fiduciante, nem mesmo a sua venda em leilão público extrajudicial, porque à garantia real fiduciária, por ser constituída previamente, é conferida prioridade em relação aos demais direitos contraditórios.

Esse dispositivo (§ 11) elimina toda e qualquer dúvida sobre a prioridade da propriedade fiduciária em relação a outras inscrições posteriores, esclarecendo que a consolidação da propriedade e a venda em público leilão não serão impedidas por eventos contraditórios posteriores que tenham o direito real de aquisição do fiduciante como objeto.

É importante registrar que mesmo a indisponibilidade averbada posteriormente ao registro da propriedade fiduciária não impedirá a consolidação da em nome do fiduciário e a venda nos públicos leilões.

Os credores vinculados às constrições ou aos direitos reais de garantia tratados no § 11 sub-rogam-se no direito do fiduciante ao saldo que eventualmente existir após a venda em público leilão (§ 12). Portanto, aqui surgirá a obrigação de o fiduciário intimar esses credores do fiduciante sobre os leilões públicos extrajudiciais por realizar, para que possam se sub-rogar no eventual crédito decorrente da venda.

JURISPRUDÊNCIA

"RECURSO ESPECIAL. DIREITO CIVIL E PROCESSUAL CIVIL. ALIENAÇÃO FIDUCIÁRIA DE IMÓVEL. LEI N. 9.514/97. PURGAÇÃO DA MORA APÓS A CONSOLIDAÇÃO DA PROPRIEDADE EM NOME DO CREDOR FIDUCIÁRIO. PURGAÇÃO DA MORA APÓS A CONSOLIDAÇÃO DA PROPRIEDADE EM NOME DO CREDOR FIDUCIÁRIO. POSSIBILIDADE ANTES DA ENTRADA EM VIGOR DA LEI N. 13.465/2017. APÓS, ASSEGURA-SE AO DEVEDOR FIDUCIANTE APENAS O DIREITO DE PREFERÊNCIA. PRAZO DO LEILÃO EXTRAJUDICIAL. ART. 27 DA LEI N. 9.514/97. PRECEDENTE ESPECÍFICO DESTA TERCEIRA TURMA.

---

[2] Direito que surge após a constituição da propriedade fiduciária.

Capítulo 1 • Do aprimoramento das regras de garantias (Lei Federal n. 9.514/97)   29

1. Controvérsia em torno da possibilidade de purgação da mora pelo devedor até a data de lavratura do auto de arrematação do imóvel, sendo alegada a violação da regra do art. 34 da Lei n. 9.514/97.

2. Precedente específico desta Terceira Turma analisando essa questão sob o prisma de duas situações distintas e sucessivas ensejadas pela edição da Lei n. 13.465, de 11-7-2017, que alterou o art. 34 da Lei n. 9.514/97 (REsp 1.649.595/RS, rel. Min. Marco Aurélio Bellizze, 3ª T., j. 13-10-2020, *DJe* 16-10-2020).

3. No período anterior à Lei n. 13.465/2017, a purgação da mora, nos contratos de mútuo imobiliário com garantia de alienação fiduciária, submetidos à disciplina da Lei n. 9.514/97, era admitida no prazo de 15 (quinze) dias, conforme previsão do art. 26, § 1º, da lei de regência, ou a qualquer tempo, até a assinatura do auto de arrematação, com base no art. 34 do Decreto-Lei n. 70/66, aplicado subsidiariamente às operações de financiamento imobiliário relativas à Lei n. 9.514/97 (REsp 1.649.595/RS).

4. Sobrevindo a Lei n. 13.465, de 11-7-2017, que introduziu no art. 27 da Lei n. 9.514/97 o § 2º-B, não se cogita mais da aplicação subsidiária do Decreto-Lei n. 70/66, uma vez que, consolidada a propriedade fiduciária em nome do credor fiduciário, descabe ao devedor fiduciante a purgação da mora, sendo-lhe garantido apenas o exercício do direito de preferência na aquisição do bem imóvel objeto de propriedade fiduciária. (REsp 1.649.595/RS).

5. Desse modo: (i) antes da entrada em vigor da Lei n. 13.465/2017, nas situações em que já consolidada a propriedade e purgada a mora nos termos do art. 34 do Decreto-Lei n. 70/66 (ato jurídico perfeito), impõe-se o desfazimento do ato de consolidação, com a consequente retomada do contrato de financiamento imobiliário; (ii) a partir da entrada em vigor da lei nova, nas situações em que consolidada a propriedade, mas não purgada a mora, é assegurado ao devedor fiduciante tão somente o exercício do direito de preferência previsto no § 2º-B do art. 27 da Lei n. 9.514/97. (REsp 1.649.595/RS).

6. No caso, a demanda foi proposta pelo devedor recorrente apenas em 25-9-2017, buscando suspender os leilões aprazados para os dias 27-9-2017 e 4-10-2017, e requerendo autorização para depositar em juízo os valores para purgar a mora.

7. Reconhecimento pelo acórdão recorrido de que a consolidação da propriedade em nome do credor recorrido ocorrera em 30-8-2017, quando já vigente a regra do art. 27, § 2º-B, da Lei n. 9.514/97, com a redação dada pela Lei n. 13.465/2017.

8. Acórdão recorrido em perfeita sintonia com o precedente desta Terceira Turma.

9. RECURSO ESPECIAL PARCIALMENTE CONHECIDO E, NESTA PARTE, DESPROVIDO."

(REsp 1.818.156/PR, rel. Min. Paulo de Tarso Sanseverino, *DJe* 18-6-2021). (grifos nossos)

"PROCESSUAL CIVIL. AGRAVO INTERNO NOS EMBARGOS DE DE-CLARAÇÃO NO AGRAVO EM RECURSO ESPECIAL. ALIENAÇÃO FIDUCIÁRIA. BEM IMÓVEL. LEILÃO EXTRAJUDICIAL. INTIMAÇÃO PESSOAL DO DEVEDOR. OBRIGATORIEDADE. SÚMULA N. 83/STJ. DECISÃO MANTIDA.

1. Segundo a jurisprudência pacífica do Superior Tribunal de Justiça, **no contrato de alienação fiduciária de bem imóvel, regido pela Lei n. 9.514/97, é necessária a intimação pessoal do devedor acerca da data da realização do leilão extrajudicial, ainda que tenha sido previamente intimado para purgação da mora** (precedentes).

2. O recurso especial não comporta exame de questões que impliquem revolvimento do contexto fático-probatório dos autos (Súmula n. 7/STJ).

3. No caso concreto, entender que a devedora teve ciência prévia das condições da venda extrajudicial e do horário do leilão demandaria revolvimento do conjunto fático-probatório, vedado em sede de recurso especial.

4. Agravo interno a que se nega provimento."

(AgInt nos EDcl no AREsp 490.517/DF, rel. Min. Antonio Carlos Ferreira, *DJe* 2-9-2019). (grifos nossos)

"RECURSO ESPECIAL. DIREITO CIVIL E PROCESSUAL CIVIL. AÇÃO DE RESOLUÇÃO DE CONTRATO COM PEDIDO DE RESTITUIÇÃO DE VALORES PAGOS. COMPRA E VENDA DE IMÓVEL (LOTE) GARANTIDA MEDIANTE ALIENAÇÃO FIDUCIÁRIA EM GARANTIA. AUSÊNCIA DE CULPA DO VENDEDOR. DESINTERESSE DO ADQUIRENTE.

1. Controvérsia acerca do direito do comprador de imóvel (lote), adquirido mediante compra e venda com pacto adjeto de alienação fiduciária em garantia, pedir a resolução do contrato com devolução dos valores pagos, não por fato imputável à vendedora, mas, em face da insuportabilidade das prestações a que se obrigou.

2. A efetividade da alienação fiduciária de bens imóveis decorre da contundência dimanada da propriedade resolúvel em benefício do credor com a possibilidade de realização extrajudicial do seu crédito.

3. O inadimplemento, referido pelas disposições dos arts. 26 e 27 da Lei n. 9.514/97, não pode ser interpretado restritivamente à mera não realização do pagamento no tempo, modo e lugar convencionados (mora), devendo ser entendido, também, como o comportamento contrário à manutenção do contrato ou ao direito do credor fiduciário.

4. O pedido de resolução do contrato de compra e venda com pacto de alienação fiduciária em garantia por desinteresse do adquirente, mesmo que

Capítulo 1 • Do aprimoramento das regras de garantias (Lei Federal n. 9.514/97)

ainda não tenha havido mora no pagamento das prestações, configura quebra antecipada do contrato (*antecipatory breach*), decorrendo daí a possibilidade de aplicação do disposto nos 26 e 27 da Lei n. 9.514/97 para a satisfação da dívida garantida fiduciariamente e devolução do que sobejar ao adquirente.

5. RECURSO ESPECIAL PROVIDO."

(STJ, REsp n. 1.867.209/SP, rel. Min. Paulo de Tarso Sanseverino, *DJ* 30-9-2020).

"RECURSO ESPECIAL. PROCESSUAL CIVIL E CIVIL. ALIENAÇÃO FIDUCIÁRIA DE IMÓVEL. EXECUÇÃO EXTRAJUDICIAL. LEI N. 9.514/97. AÇÃO DECLARATÓRIA DE NULIDADE. NEGATIVA DE PRESTAÇÃO JURISDICIONAL. CERCEAMENTO DE DEFESA. NÃO OCORRÊNCIA. ARREMATAÇÃO A PREÇO VIL. IMPOSSIBILIDADE. JULGAMENTO CITRA PETITA. CARACTERIZAÇÃO. VALOR DA CAUSA. FIXAÇÃO. PROVEITO ECONÔMICO.

1. A controvérsia dos autos se resume a definir: a) se houve negativa de prestação jurisdicional; b) se houve cerceamento de defesa em virtude do indeferimento do pedido de produção de provas; c) se está caracterizada a hipótese de julgamento citra petita; d) se as normas que impedem a arrematação por preço vil são aplicáveis à execução extrajudicial de imóvel alienado fiduciariamente e e) se o valor da causa foi adequadamente estabelecido.

2. Não há falar em falha na prestação jurisdicional se o Tribunal de origem motiva adequadamente sua decisão, solucionando a controvérsia com a aplicação do direito que entende cabível, ainda que em desacordo com a expectativa da parte.

3. Modificar a conclusão do Tribunal de origem, soberano quanto à análise da necessidade ou não de se produzir outras provas além daquelas já produzidas, demandaria o reexame do contexto fático-probatório dos autos, providência vedada em recurso especial, tendo em vista o óbice da Súmula n. 7/STJ.

4. Mesmo antes da vigência da Lei n. 14.711/2023, é possível a invocação não só do art. 891 do CPC/2015, mas também de outras normas, tanto de direito processual quanto material, que (i) desautorizam o exercício abusivo de um direito (art. 187 do Código Civil); (ii) condenam o enriquecimento sem causa (art. 884 do Código Civil); (iii) determinam a mitigação dos prejuízos do devedor (art. 422 do Código Civil) e (iv) prelecionam que a execução deve ocorrer da forma menos gravosa para o executado (art. 805 do CPC/2015), para declarar a nulidade da arrematação a preço vil nas execuções extrajudiciais de imóveis alienados fiduciariamente.

5. Havendo pedido subsidiário de natureza condenatória não apreciado pelas instâncias ordinárias, impõe-se reconhecer a efetiva ocorrência de julgamento citra petita, vício que, em decorrência do reconhecimento da nulida-

de da arrematação, poderá ser corrigido mediante simples adoção do critério de correção monetária determinado na sentença no momento da apuração da dívida.

6. O valor da causa deve corresponder ao conteúdo econômico pretendido com o ajuizamento da demanda, ainda que a pretensão seja meramente declaratória.

7. Nesta Corte prevalece o entendimento de que o valor da causa, nas demandas em que se visa anular o procedimento de execução extrajudicial, deve corresponder ao valor do imóvel."

(STJ, REsp 2.096.465, rel. Min. Ricardo Cueva, *DJe* 16-5-2024). (grifos nossos)

"Alienação fiduciária de imóvel. Ação anulatória. A autora e seu marido foram pessoalmente intimados pelo Cartório de Registro de Imóveis, nos termos do art. 26, § 1º, da Lei n. 9.514/97, bem assim acerca dos leilões extrajudiciais, a teor do que dispõe o art. 27, § 2º-A, do mesmo diploma. O **recebimento desta última intimação por terceiro não invalida o ato, pois, para que atinja a sua finalidade, basta que a correspondência seja remetida ao endereço do devedor, sendo irrelevante quem a recebe no local.** O E. Superior Tribunal de Justiça já expressou o entendimento de que a inobservância do prazo de trinta dias para promoção do leilão extrajudicial, previsto no art. 27, *caput*, da Lei n. 9.514/97, não implica sua nulidade. Conforme orientação sedimentada no âmbito do Col. STJ e desta E. Corte, nos contratos celebrados antes da vigência da Lei n. 13.495/17 a consolidação da propriedade pelo credor fiduciário não impede a purgação da mora pelo devedor fiduciante, providência que pode ser adotada até a data de assinatura do auto de arrematação do imóvel. Exegese do art. 39, II, da Lei n. 9.514/97 e art. 34 do Decreto-Lei n. 70/66. À míngua de impugnação específica do réu a respeito do depósito judicial realizado pela autora, impõe-se reconhecer a suficiência do valor para quitação do débito e purgação da mora, com o consequente cancelamento do procedimento extrajudicial e manutenção do contrato de financiamento, até seus ulteriores termos."

(TJSP, Ap. Cív. 1003105-07.2019.8.26.0097, rel. Gomes Varjão, *DJe* 10-9-2021). (grifos nossos)

"COMPRA E VENDA DE IMÓVEL COM FINANCIAMENTO DO PREÇO GARANTIDO POR PROPRIEDADE FIDUCIÁRIA. Inexistência de compromisso de venda e compra a ser resolvido, com restituição de parte do preço pago. Contrato de venda e compra com pacto de alienação fiduciária em garantia. Empreendedora entregou a posse direta do lote e financiou o saldo do preço, garantido por propriedade fiduciária. Inadimplemento dos devedores fiduciantes. Propriedade consolidada nas mãos da credora fiduciária, na forma da L. 9.514/97. Não se confundem o compromisso de venda

Capítulo 1 • Do aprimoramento das regras de garantias (Lei Federal n. 9.514/97)   33

e compra com o contrato definitivo de venda e compra garantido por alienação fiduciária do recebimento do preço. Vendedor que se converte em credor fiduciário do preço devido pelo devedor fiduciante, para fins do recebimento do preço financiado. Impossibilidade de resolução do contrato, com retorno das partes ao estado anterior. Inadimplemento do devedor fiduciante que implicará em consolidação da propriedade em nome do credor fiduciário e leilão extrajudicial do bem, em obediência ao disposto na L. 9.514/97. **Credor fiduciário que satisfará o seu crédito com o produto da arrematação, devendo eventual excedente ser restituído ao devedor fiduciante. Restituição de parte das parcelas pagas que se dá pelo mecanismo da excussão, e não da resolução do contrato, que perdeu a sua natureza bilateral.** Eventual demora na realização do leilão extrajudicial, violando o prazo previsto no art. 27 da L. 9514/97, não gera como efeito a possibilidade de resolução de contrato já extinto, nem desfaz a consolidação da propriedade em nome da credora fiduciária. Sentença de improcedência mantida. Recurso improvido."
(TJSP, Ap. Cív. 1003694-55.2020.8.26.0358, rel. Francisco Loureiro, *DJe* 20-10-2021). (grifos nossos)

"Pedido de providência – Registro de Imóveis – Alienação fiduciária em garantia – **Pedido de consolidação da propriedade pelo credor – Existência de ordens judiciais de indisponibilidade de bens que recaíram sobre os devedores – Inexistência de obstáculo, pois a indisponibilidade recai sobre os direitos do fiduciante** – Precedentes da Corregedoria Geral da Justiça – Recurso conhecido e provido."
(CGJSP, R. Adm. 1001807-20.2019.8.26.0116, rel. Ricardo Anafe, *DJ* 9-4-2021). (grifos nossos)

Art. 27-A

Nas operações de crédito garantidas por alienação fiduciária de 2 (dois) ou mais imóveis, na hipótese de não ser convencionada a vinculação de cada imóvel a 1 (uma) parcela da dívida, o credor poderá promover a excussão em ato simultâneo, por meio de consolidação da propriedade e leilão de todos os imóveis em conjunto, ou em atos sucessivos, por meio de consolidação e leilão de cada imóvel em sequência, à medida do necessário para satisfação integral do crédito.

§ 1º Na hipótese de excussão em atos sucessivos, caberá ao credor fiduciário a indicação dos imóveis a serem excutidos em sequência, exceto se houver disposição em sentido contrário expressa no contrato, situação em que a consolidação da propriedade dos demais ficará suspensa.

34 *Marco Legal das Garantias*

> § 2º A cada leilão, o credor fiduciário promoverá nas matrículas dos imóveis não leiloados a averbação do demonstrativo do resultado e o encaminhará ao devedor e, se for o caso, aos terceiros fiduciantes, por meio de correspondência dirigida aos endereços físico e eletrônico informados no contrato.
>
> § 3º Na hipótese de não se alcançar a quantia suficiente para satisfação do crédito, a cada leilão realizado, o credor recolherá o imposto sobre transmissão intervivos e, se for o caso, o laudêmio, relativos ao imóvel a ser excutido em seguida, requererá a averbação da consolidação da propriedade e, no prazo de 30 (trinta) dias, realizará os procedimentos de leilão nos termos do art. 27 desta Lei.
>
> § 4º Satisfeito integralmente o crédito com o produto dos leilões realizados sucessivamente, o credor fiduciário entregará ao devedor e, se for o caso, aos terceiros fiduciantes, o termo de quitação e a autorização de cancelamento do registro da propriedade fiduciária de eventuais imóveis que restem a ser desonerados.

COMENTÁRIOS

Esse novo dispositivo trata da possibilidade de as operações de crédito serem garantidas por alienação fiduciária de dois ou mais imóveis.

Caso haja dois ou mais imóveis como objeto da mesma alienação fiduciária, o fiduciário e o fiduciante poderão convencionar que cada imóvel corresponderá a uma parcela da dívida ou que eles estão vinculados a toda ela (dívida) de maneira indivisível.

Se os imóveis estiverem vinculados a toda a dívida de forma indivisível, o fiduciário deverá realizar os procedimentos para a consolidação da propriedade e promover os leilões de todos eles de maneira a atender ao princípio da indivisibilidade dos direitos reais de garantia.

Na situação de indivisibilidade, é possível que o fiduciante encontre dificuldades caso os imóveis pertençam a registros imobiliários diversos, pois a consolidação poderá ocorrer em momentos distintos devido à dinâmica de cada serventia registrária.

A lei autoriza que o fiduciário promova leilão conjunto para alienação de todos os imóveis ou o faça por meio de atos sucessivos, para alienar um imóvel de cada vez até satisfazer o seu crédito.

No caso de leilões sucessivos, o fiduciário deve ter o cuidado de abater do leilão subsequente o valor obtido com o anterior, a fim de evitar que o produto dos leilões sucessivos supere o valor da dívida, o que viria a dano do fiduciante. Se o produto obtido com a execução da garantia fiduciária amortizar apenas parte da dívida, os demais imóveis não leiloados continuarão vinculados à garantia fiduciária para garantir o saldo que remanescer, cujo valor orientará os leilões subsequentes.

É importante destacar, como faz Melhim Namem Chalhub (2021, p. 356), que se aplicam ao procedimento de execução da propriedade fiduciária as regras gerais sobre execução do Código de Processo Civil (CPC), nos termos do art. 15 desse Código.

O art. 899 do CPC, por sua vez, determina que "será suspensa a arrematação logo que o produto da alienação dos bens for suficiente para o pagamento do credor e para a satisfação das despesas da execução".

Assim, caso a propriedade fiduciária seja garantida por um conjunto de imóveis, o procedimento de execução deverá ser suspenso tão logo o produto da alienação de qualquer um deles seja suficiente para a satisfação integral da dívida, das despesas, dos encargos e dos custos para a execução.

Caso a alienação fiduciária tenha um conjunto de imóveis como objeto da garantia real e mesmo que cada um deles esteja vinculado a uma parcela da dívida, com o inadimplemento absoluto do fiduciante, o fiduciário poderá realizar a execução extrajudicial de todos eles. Se apenas parte do conjunto dos imóveis for suficiente para responder pela dívida, o fiduciário, após realizar os leilões e receber o valor correspondente ao seu crédito inadimplido, deverá liberar os demais imóveis, outorgando o respectivo termo de quitação ao fiduciante.

Na execução em atos sucessivos, caberá ao fiduciário indicar os imóveis dos quais consolidará a propriedade e que serão objeto dos leilões extrajudiciais. Entretanto, o contrato poderá dispor de maneira contrária, ou seja, que não caberá ao credor a indicação dos imóveis a serem subsequentemente executados. Em outras palavras, é possível que o contrato de alienação fiduciária disponha que na execução em atos sucessivos a indicação da ordem de expropriação dos imóveis será feita por pessoa diversa do fiduciário.

Nessa situação, a consolidação da propriedade dos demais imóveis ficará suspensa (§ 1º). Essa é uma avaliação que o registrador deverá fazer quando da apresentação do requerimento do fiduciário para consolidação da propriedade dos imóveis na execução em atos sucessivos, pois, se o contrato não atribuir ao fiduciário a indicação prevista no § 1º, o registrador deverá qualificar negativamente o requerimento de consolidação, para que a indicação seja feita por quem foi designado contratualmente.

Em termos práticos, não parece fazer sentido deixar a indicação dos imóveis a serem excutidos sob a responsabilidade de pessoa diversa do fiduciário, pois é no interesse deste que se processa a execução extrajudicial. Porém, caso as partes (fiduciário e fiduciante) admitam tal possibilidade, elas deverão regular precisamente no contrato como, quando e por quem as indicações deverão ocorrer, para que a execução não fique suspensa indefinidamente.

Por sua vez, o § 2º determina que o fiduciário, na execução sucessiva, deverá requerer ao registrador competente que promova uma averbação, nas matrículas dos imóveis não leiloados, do demonstrativo do resultado parcial da execução. Tal demonstrativo deverá ser acompanhado dos documentos dos leilões já realizados para comprovar o quanto auferido por alienação prévia, indicando também o saldo remanescente da dívida. O contrato deverá disciplinar a forma de correção monetária desse valor.

O fiduciário deverá encaminhar o demonstrativo do resultado das alienações ao devedor e, se o caso, ao terceiro fiduciante, tanto para os endereços físicos quanto para os endereços eletrônicos informados no contrato (§ 2º).

A publicidade do saldo da dívida nessas circunstâncias atende não só à prioridade do fiduciário em relação a outros créditos, mas também aos interesses do fiduciante e especialmente de seus credores, que poderão acompanhar a desoneração do patrimônio do devedor e, se o caso, persegui-lo para a satisfação de seus créditos.

Não sendo o produto de uma venda suficiente para a quitação da dívida, o fiduciário recolherá o imposto de transmissão da propriedade ou o laudêmio, se o caso, promoverá a consolidação da propriedade do imóvel seguinte a ser excutido e, no prazo de 30 dias, realizará os procedimentos necessários para os leilões (§ 3º).

O prazo para realização do leilão nessa hipótese é menor do que aquele fixado para a generalidade dos casos, que é de 60 dias da consolidação da propriedade (art. 27, *caput*).

Por fim, o § 4º trata de uma consequência lógica da quitação integral da dívida com a execução parcial da garantia. Nessa hipótese, o fiduciário deverá entregar ao devedor e, se o caso, aos terceiros fiduciantes, o termo de quitação da dívida e a autorização para o cancelamento

Capítulo 1 • Do aprimoramento das regras de garantias (Lei Federal n. 9.514/97)   37

do registro da propriedade fiduciária dos imóveis dispensados do procedimento de execução extrajudicial.

JURISPRUDÊNCIA

"Pedido de Providências – Registro de Imóveis – BANCO SANTANDER (BRASIL) S.A. – Vistos. Trata-se de pedido de providências formulado por Banco Santander S.A. em face do Oficial do 14º Registro de Imóveis da Capital, após negativa de início de procedimento de consolidação de propriedade do imóvel matriculado sob o n. 182.267 na citada serventia. Informa o requerente que foi apresentada nota devolutiva em que o Oficial informou que o procedimento deveria ser requerido judicialmente, já que vários imóveis garantiam a mesma dívida. Aduz que não há impedimento para que a garantia fiduciária de mesma dívida incida sobre mais de um imóvel e que o procedimento de purgação da mora e consolidação de propriedade se dê extrajudicialmente, cabendo às serventias imobiliárias comunicarem-se para verificar se houve purgação da mora. O Oficial respondeu às fls. 99/102, alegando que a falta de regulamentação legal impede o prosseguimento extrajudicial do pedido de purgação da mora, tendo em vista a impossibilidade de cindibilidade da garantia; que não havendo obrigatoriedade de comunicação entre registradores de circunscrições distintas poderia haver cobrança em dobro da dívida, além de fazer considerações quanto aos emolumentos do procedimento. Parecer da ARISP às fls. 145/147 pela possibilidade do seguimento extrajudicial quando houver mais de um imóvel dado em garantia relativamente a mesma dívida. Parecer do Ministério Público às fls. 151/153 no mesmo sentido. É o relatório. Decido. Inicialmente, cabe salientar que não se discute neste feito a possibilidade de mais de um imóvel ser alienado fiduciariamente para garantia de mesma dívida, já que, no caso concreto, a alienação fiduciária nestes moldes já foi devidamente registrada, estando em discussão apenas a forma em que o procedimento de purgação da mora deve ocorrer. E, neste ponto, o art. 26 da Lei n. 9.514/97 é claro ao privilegiar o procedimento extrajudicial, diretamente pela serventia imobiliária (com possibilidade de participação de Registro de Títulos e Documentos quanto as intimações). A desjudicialização, no caso, favorece o fornecimento de crédito e desburocratiza a execução de garantias, não parecendo ter sido a intenção do legislador a utilização de qualquer procedimento judicial, o que aproximaria a alienação fiduciária da hipoteca, cujo desuso indica como o procedimento relativo à alienação fiduciária foi bem aceito pelo setor econômico. Em outras palavras, garantido crédito por alienação fiduciária de bem ou bens imóveis, cabe ao Registro de Imóveis realizar o procedimento de purgação da mora e eventual consolidação de propriedade, sob pena de, ao obrigar o credor a utilizar-se da via judicial, descaracterizar o próprio objetivo da propriedade fiduciária, cuja simplicidade na execução é de sua própria natureza. Portanto, o seguimento extrajudicial do pedido é de rigor, cabendo apenas, no silêncio da lei quanto a garantia dada por mais de um imóvel, observar para que no procedimento sejam garantidos os direitos do credor e do devedor. E, para tanto, entendo ser suficiente que haja comunicação entre as serventias imobiliárias com imóveis alienados fiduciariamente. Assim, protocolado o pedido de início do procedimento de purgação da mora, caberá ao Oficial encaminhar as intimações de praxe. Aqui, afasto a alegação do Oficial quanto a possível cobrança de quantia indevida passível de gerar responsabilidade civil: emitida intimação por duas serventias imobiliárias relativa a mesma dívida, não há que se dizer de cobrança de valor maior do que devido, e sim cobrança da mesma dívida por duas vias diversas, o que absolutamente legítimo. Mesmo não entendendo ser obrigatório, entendo possível que o Oficial, caso entenda pertinente, exija do credor declaração ou certidão informando se já foi iniciado procedimento de purgação em serventia diversa relativamente a mesma dívida, de modo que, em caso positivo, a intimação enviada ao devedor possa conter a informação de que se trata da mesma dívida e que o pagamento poderá se dar em qualquer das serventias imobiliárias. E, após a realização da intimação, caso o devedor purgue a mora, poderá o Oficial comunicar a outra serventia imobiliária de ofício, se entender cabível tal medida. Obrigatório, contudo, é que qualquer dos Oficiais, caso não haja pagamento em sua serventia, e antes de consolidar a propriedade, verifique se houve pagamento da dívida na outra serventia ou se lá também decorreu o prazo sem o pagamento. Tal verificação pode se dar após recebimento de informação positiva ou negativa enviada de ofício diretamente do outro Oficial ou exigindo do credor apresentação de certidão dos Oficiais de todas as outras serventias com imóveis dados em garantia com a informação de que o prazo decorreu sem a purgação da mora. Caso pago o valor em outra serventia, o Oficial não realizará a consolidação da propriedade. Caso não pago, o Oficial arquivará a informação das outras serventias e averbará a consolidação da propriedade, garantindo assim que a consolidação não se dê mesmo com o pagamento da dívida. Quanto a questão dos emolumentos alegada pelo registrador, deverá proceder como já normalmente age com relação as demais consolidações de propriedade, destacando que o silêncio da lei estadual de emolumentos não impede a realização do ato pelo Oficial, já que sua competência para o procedimento de purgação da mora decorre diretamente da Lei n. 9.514/97. Por fim, três questões que surgiram nos autos mas que fogem de seu objeto. A primeira é se o Oficial pode consolidar a propriedade caso verifique que a dívida é garantida por imóveis de outra circunscrição mas que o procedimento não foi nelas realizado. A segunda é com relação a multiplicidade de devedores. E a terceira quanto ao leilão. Todas elas são relevantes e podem trazer discussões jurídicas quanto a forma de realização. Todavia, fogem elas do objeto dos autos, que limita-se a verificar a possibilidade de o procedimento ser realizado extrajudicialmente, de modo que analisá-las nesta sentença representaria julgar questões em abstrato e antes da qualificação do Oficial, o que foge dos limites da decisão

Capítulo 1 • Do aprimoramento das regras de garantias (Lei Federal n. 9.514/97) 39

possível em pedido de providências que discute caso concreto Assim, caberá ao Oficial dar seguimento extrajudicial, exigindo, conforme seu juízo de qualificação, a intimação de um ou todos os devedores e, quando do registro do leilão, também qualificar conforme seu entendimento se este deveria se dar com um ou todos os imóveis, cabendo recurso a esta Corregedoria pela [sic.] interessado. Fica apenas, neste feito, prejudicada a questão da necessidade de procedimento em todas as circunscrições, já que conforme informações dos autos o procedimento foi iniciado também no 11º RI. Do exposto, julgo procedente o pedido de providências formulado pelo Banco Santander S.A. em face do Oficial do 14º Registro de Imóveis da Capital para determinar ao Oficial que dê seguimento ao procedimento de purgação da mora, com as adequações procedimentais acima expostas. Oficie-se a E. CGJ com cópia deste feito para análise de eventual normatização do procedimento relativo à alienação fiduciária com mais de um imóvel dado em garantia da mesma dívida. Não há custas, despesas processuais nem honorários advocatícios decorrentes deste procedimento. Oportunamente, arquivem-se os autos. P.R.I.C." (*DJe* 8-1-2021 – SP).

(1ª Vara de Registros Públicos de São Paulo, Processo 1075313-43.2020.8.26.0100).

Art. 30	
Anterior	**Atual**
É assegurada ao fiduciário, seu cessionário ou sucessores, inclusive o adquirente do imóvel por força do público leilão de que tratam os §§ 1º e 2º do art. 27, a reintegração na posse do imóvel, que será concedida liminarmente, para desocupação em sessenta dias, desde que comprovada, na forma do disposto no art. 26, a consolidação da propriedade em seu nome.	É assegurada ao fiduciário, ao seu cessionário ou aos seus sucessores, inclusive ao adquirente do imóvel por força do leilão público de que tratam os arts. 26-A, 27 e 27-A, a reintegração na posse do imóvel, que será concedida liminarmente, para desocupação no prazo de 60 (sessenta) dias, desde que comprovada a consolidação da propriedade em seu nome, na forma prevista no art. 26 desta Lei.
Parágrafo único. Nas operações de financiamento imobiliário, inclusive nas operações do Programa Minha Casa, Minha Vida, instituído pela Lei n. 11.977, de 7 de julho de 2009, com recursos advindos da integralização de cotas no Fundo de Arrendamento Residencial (FAR), uma vez averbada a consolidação da propriedade fiduciária, as ações judiciais que tenham por objeto controvérsias sobre as estipulações contratuais ou os requisitos procedimentais de cobrança	Parágrafo único. Arrematado o imóvel ou consolidada definitivamente a propriedade no caso de frustração dos leilões, as ações judiciais que tenham por objeto controvérsias sobre as estipulações contratuais ou os requisitos procedimentais de cobrança e leilão, excetuada a exigência de notificação do devedor e, se for o caso, do terceiro fiduciante, não obstarão a reintegração de posse de que trata este artigo e serão resolvidas em perdas e danos.

e leilão, excetuada a exigência de notificação do devedor fiduciante, serão resolvidas em perdas e danos e não obstarão a reintegração de posse de que trata este artigo.	

COMENTÁRIOS

O *caput* mantém a ideia de que, com a consolidação da propriedade fiduciária, fica o fiduciário autorizado a ter a posse do imóvel. Para garantir esse direito possessório é necessário que a consolidação da propriedade em nome do fiduciário se aperfeiçoe, inclusive com a inscrição na matrícula do imóvel. A única e pequena novidade no texto legal do *caput* se dá com relação à referência aos artigos de lei que tratam do leilão público (art. 26-A para os casos de financiamento para aquisição ou construção do próprio imóvel, art. 27 para a generalidade dos casos e 27-A para os casos de operação de crédito garantida por mais de um imóvel).

Inovação mais incisiva existe no parágrafo único, com uma ampla blindagem à posse em favor de quem a propriedade se consolida. Assim, processos judiciais que discutam a relação contratual em que se insere a garantia fiduciária ou a execução da garantia não impedem o exercício do direito possessório pelo titular do imóvel.

Trata-se de proteção ao fiduciário e ao licitante vencedor, pois quaisquer ações judiciais que tenham como objeto controvérsias relativas às disposições contratuais ou aos requisitos referentes aos procedimentos de cobrança e de leilão, desde que inscrita a consolidação da propriedade em nome do fiduciário, serão resolvidas em perdas e danos e não impedirão a posse do imóvel. As discussões judiciais sobre os temas aqui referidos não poderão atingir o imóvel. Trata-se de regra similar à do art. 903 do CPC.

Há uma única e justificada exceção a essa regra, qual seja, a da ação judicial que verse sobre questões relacionadas à notificação do fiduciante, quer para fins de purgação da mora, quer para fins de ciência acerca dos leilões. Aqui a proteção é do devedor, para que não perca a posse do imóvel se não tiver sido notificado regularmente da execução fiduciária nos termos dos arts. 26 e 27.

JURISPRUDÊNCIA

"RECURSO ESPECIAL. CIVIL. PROCESSUAL CIVIL. ALIENAÇÃO FIDU-
CIÁRIA DE BEM IMÓVEL. INADIMPLEMENTO. AUSÊNCIA DE PUR-

Capítulo 1 • Do aprimoramento das regras de garantias (Lei Federal n. 9.514/97)   41

GAÇÃO DA MORA. AÇÃO DE REINTEGRAÇÃO DE POSSE. REQUISI-
TOS. PRÉVIA REALIZAÇÃO DE LEILÃO PÚBLICO. DESNECESSIDADE.

1. Ação de reintegração de posse, da qual foi extraído o presente recurso especial, interposto em 9-2-2021 e concluso ao gabinete em 31-1-2022.

2. O propósito recursal consiste em dizer se: a) no âmbito da alienação fiduciária de bem imóvel, após o inadimplemento e a constituição em mora do devedor, é lícito o ajuizamento de ação de reintegração de posse independentemente de prévia realização de leilão público do bem; e b) os honorários advocatícios sucumbenciais foram adequadamente distribuídos.

3. Nos termos do § 1º do art. 23 da Lei n. 9.514/97, incluído pela Lei n. 14.620/2023, 'com a constituição da propriedade fiduciária, dá-se o desdobramento da posse, tornando-se o fiduciante possuidor direto e o fiduciário possuidor indireto da coisa imóvel'.

4. Tratando-se de propriedade resolúvel, a propriedade fiduciária está subordinada a uma condição resolutiva, qual seja, o adimplemento ou inadimplemento da obrigação garantida. Assim, implementada a condição por meio do adimplemento, extingue-se o contrato, com a reversão da propriedade plena ao fiduciante; por outro lado, ocorrendo o inadimplemento sem a purgação da mora, extingue-se o contrato, com a consequente transferência da propriedade plena ao fiduciário, mediante consolidação.

5. Com o procedimento para a retomada do bem com a consolidação da propriedade, resolve-se o contrato que fundamentava a posse direta do imóvel pelo devedor fiduciante, de modo que desaparece a causa ou o fundamento jurídico que justificava o exercício da posse direta, passando o devedor a exercer posse ilegítima sobre o bem, o que caracteriza esbulho possessório e atribui ao credor fiduciário o direito à reintegração de posse.

6. O único requisito previsto no art. 30 da Lei n. 9.514/97 para a ação de reintegração de posse é a consolidação da propriedade em nome do credor fiduciário, não sendo possível extrair do referido dispositivo legal qualquer indicação de que a referida ação não poderia ser ajuizada antes da realização dos leilões, notadamente porque já caracterizado o esbulho possessório desde a consolidação da propriedade.

7. No âmbito da alienação fiduciária de bem imóvel, após o inadimplemento e a constituição em mora do devedor, é lícito o ajuizamento de ação de reintegração de posse independentemente de prévia realização do leilão público do bem.

8. Na hipótese dos autos, merece reforma o acórdão recorrido, pois após o inadimplemento e a constituição em mora d o devedor, é lícito o ajuizamento de ação de reintegração de posse independentemente de prévia realização do leilão público do bem, impondo-se o retorno dos autos ao juízo de primeiro grau de jurisdição para que prossiga no julgamento da presente ação de reintegração de posse como entender de direito.

9. Recurso especial provido para determinar o retorno dos autos ao juízo de primeiro grau de jurisdição para que prossiga no julgamento da presente ação."

(STJ, REsp 2.092.980, rel. Min. Nancy Andrighi, *DJe* 27-2-2024). (grifos nossos).

"APELAÇÃO. ALIENAÇÃO FIDUCIÁRIA. BEM IMÓVEL. AÇÃO ANU-LATÓRIA DE LEILÃO EXTRAJUDICIAL. FALTA DE INTIMAÇÃO PES-SOAL DA DEVEDORA-FIDUCIANTE DO LEILÃO QUE IMPEDIU PUR-GAÇÃO DA MORA. INFORMAÇÃO NO CURSO DA DEMANDA DE LEILÃO REALIZADO, COM ARREMATAÇÃO E IMISSÃO NA POSSE POR TERCEIRA PESSOA ANTES DA PROLAÇÃO DA SENTENÇA. CON-TRATO RESOLVIDO. HIPÓTESE DE SUPERVENIENTE CARÊNCIA DA AÇÃO DE NULIDADE DA EXECUÇÃO EXTRAJUDICIAL. INTELIGÊN-CIA DO ART. 493 DO CÓDIGO DE PROCESSO CIVIL (CPC/2015). EXTIN-ÇÃO DO PROCESSO, SEM RESOLUÇÃO DE MÉRITO, DECRETADA DE OFÍCIO, COM OBSERVAÇÃO. SUCUMBÊNCIA A SER SUPORTADA PELO RÉU, QUE DEU CAUSA À DEMANDA, NOS TERMOS DO ART. 85, § 10, DO CPC/2015.

1. A superveniência da arrematação do imóvel objeto da execução extrajudicial e imissão da posse pelo arrematante antes da prolação da sentença e noticiada depois fez cessar o interesse de agir na nulidade deste procedimento, por força de seu esgotamento, com transferência da propriedade do imóvel a terceiro, imissão da posse e depósito do que sobejou em favor da devedora-fiduciante. Esse fato possui relevância jurídica a ser reconhecida pelo juiz no momento da decisão, a teor do disposto no art. 493 do CPC/2015, aplicável também ao julgamento em sede recursal.

2. Observe-se que, **se já resolvida a imissão de posse ao arrematante, tem o devedor-fiduciante, em tese, pretensão de demanda por perdas e danos em face da credora-fiduciária em ação autônoma**.

3. Tendo o credor-fiduciário dado causa ao ajuizamento da ação, responderá pela sucumbência, com honorários advocatícios (art. 85, § 10, do CPC/2015), por incidência do princípio da causalidade."

(TJSP, Ap. Cív. 10079212520178260510/SP, rel. Adilson de Araujo, *DJ* 12-12-2018). (grifos nossos)

CAPÍTULO 2
Da execução extrajudicial dos créditos garantidos por hipoteca

Art. 37-A	
Anterior	**Atual**
O devedor fiduciante pagará ao credor fiduciário, ou a quem vier a sucedê-lo, a título de taxa de ocupação do imóvel, por mês ou fração, valor correspondente a 1% (um por cento) do valor a que se refere o inciso VI ou o parágrafo único do art. 24 desta Lei, computado e exigível desde a data da consolidação da propriedade fiduciária no patrimônio do credor fiduciante até a data em que este, ou seus sucessores, vier a ser imitido na posse do imóvel.	O fiduciante pagará ao credor fiduciário ou ao seu sucessor, a título de taxa de ocupação do imóvel, por mês ou fração, valor correspondente a 1% (um por cento) do valor de que trata o inciso VI do *caput* ou o parágrafo único do art. 24 desta Lei, computado e exigível desde a data da consolidação da propriedade fiduciária no patrimônio do credor fiduciário até a data em que este ou seu sucessor vier a ser imitido na posse do imóvel.

COMENTÁRIOS

O texto do art. 37-A é objeto de alterações meramente de redação, sem maiores impactos na matéria que disciplina. Vale destacar a correção de impropriedade terminológica na sua parte final, com referência agora ao patrimônio do credor "fiduciário" (em vez de fiduciante).

Assim, permanece a ideia de que, com a consolidação da propriedade fiduciária, o devedor fiduciante deve pagar, a título de taxa de ocupação mensal do imóvel, 1% do valor que o contrato atribui ao imóvel, enquanto ali permanecer. Essa taxa também se aplica em matéria de execução hipotecária, nos termos do § 12 do art. 9º da Lei n. 14.711/2023.

JURISPRUDÊNCIA

"PROCESSUAL CIVIL E CIVIL. RECURSO ESPECIAL. ALIENAÇÃO FIDUCIÁRIA. AÇÃO DE COBRANÇA. TAXA DE OCUPAÇÃO. ILEGITIMIDADE PASSIVA DO LOCATÁRIO DO IMÓVEL. RECURSO DESPROVIDO.

1. O locatário do imóvel cuja propriedade foi consolidada nas mãos do credor fiduciário diante da inadimplência do devedor fiduciante (antigo loca-

dor do bem) não é parte legítima para responder pela taxa de ocupação, prevista no art. 37-A da Lei n. 9.514/97, por não fazer parte da relação jurídica que fundamenta a cobrança da taxa em questão.

2. Recurso especial a que se nega provimento."(STJ, REsp 1.966.030, rel. Min. Antonio Carlos Ferreira, *DJe* 30-11-2021).

"Alienação *fiduciária* de imóvel. Ação de reintegração de posse. Demanda ajuizada pelo credor *fiduciário* após a consolidação da propriedade em seu nome. Procedência. Insurgência recursal apenas do autor. *Taxa de ocupação*. Verba devida a partir da consolidação da propriedade *fiduciária* no patrimônio do credor fiduciante. Art. 37-A da Lei n. 9.514/97. Precedentes. Sucumbência recíproca afastada. Condenação dos réus ao pagamento integral dos encargos sucumbenciais. Recurso provido. A *taxa de ocupação* determinada na r. sentença não deve prevalecer. Isto porque, **nos termos do art. 37-A, da Lei n. 9.514/97, 'O devedor fiduciante pagará ao credor** fiduciário, **ou a quem vier a sucedê-lo, a título de** taxa de ocupação **do imóvel, por mês ou fração, valor correspondente a 1% (um por cento) do valor a que se refere o inciso VI ou o parágrafo único do art. 24 desta Lei, computado e exigível desde a data da consolidação da propriedade** fiduciária **no patrimônio do credor fiduciante até a data em que este, ou seus sucessores, vier a ser imitido na posse do imóvel'.** Bem por isso, com o devido respeito ao convencimento externado, a referida taxa deve ser calculada a partir de 8-10-2018, data da consolidação da propriedade *fiduciária*. Não há como afastar a procedência integral da ação. De tal modo, cabe readequação da distribuição dos encargos sucumbenciais, arcando os réus com a integralidade das custas e despesas processuais, além dos honorários advocatícios já arbitrados."

(TJSP, Ap. Cív. 1084544-31.2019.8.26.0100, rel. Kiotsi Chicuta, j. 30-6-2022). (grifos nossos)

Art. 39	
Anterior	**Atual**
Às operações de crédito compreendidas no sistema de financiamento imobiliário, a que se refere esta Lei:	As disposições da Lei n. 4.380, de 21 de agosto de 1964, e as demais disposições legais referentes ao Sistema Financeiro da Habitação não se aplicam às operações de crédito compreendidas no sistema de financiamento imobiliário a que se refere esta Lei.

I – não se aplicam as disposições da Lei n. 4.380, de 21 de agosto de 1964, e as demais disposições legais referentes ao Sistema Financeiro da Habitação – SFH;	I – (revogado);
II – aplicam-se as disposições dos arts. 29 a 41 do Decreto-Lei n. 70, de 21 de novembro de 1966, exclusivamente aos procedimentos de execução de créditos garantidos por hipoteca.	II – (revogado).

COMENTÁRIOS

A redação original desse artigo estabelecia a possibilidade de aplicação dos arts. 29 a 41 do Decreto-Lei n. 70/66 nos negócios de garantia fiduciária imobiliária. Esses artigos, por sua vez, continham regras para a execução extrajudicial dos créditos garantidos por hipoteca. Particularmente, o art. 34 desse decreto permitia que o devedor, a qualquer momento, até a assinatura do auto de arrematação, purgasse o débito inadimplido.

Contudo, isso era incompatível com o regime da propriedade fiduciária, pois, com a consolidação da propriedade no patrimônio do fiduciário, há a extinção do contrato de alienação fiduciária e, portanto, da obrigação garantida que dá suporte para a purgação da mora. Em outras palavras, com a extinção da obrigação garantida, não há mais possibilidade de purgação da mora pelo fiduciante.

Percebendo isso, em 2017, o legislador deu um primeiro passo nessa direção com a edição da Lei n. 13.465/2017, que alterou esse art. 39 e estabeleceu expressamente que, nas operações de crédito compreendidas no sistema de financiamento imobiliário, não se aplicam as disposições da Lei Federal n. 4.380/64 e demais disposições legais referentes ao Sistema Financeiro de Habitação. Nos termos da lei de 2017, não é mais possível ao fiduciante purgar a mora até a assinatura do auto de arrematação, porque por expressa previsão legal não se pode mais aplicar subsidiariamente o Decreto-Lei n. 70/66. O que pode haver aqui é direito de preferência na aquisição do imóvel em leilão, assegurado pelo art. 27, § 2º-B.

A atual redação do art. 39 consolida o passo dado pelo legislador em 2017. Com a revogação dos incisos I e II do art. 39, operações de crédito contratadas no âmbito do sistema financeiro imobiliário regulado pela Lei n. 9.514/97 são definitivamente afastadas da área de incidência da Lei n. 4.380/64, bem como das demais disposições legais que tratam do Sistema Financeiro de Habitação.

Ademais, o art. 18 da Lei Federal n. 14.711/2023 revogou expressamente as disposições do Capítulo III do Decreto-Lei n. 70/66, no qual estavam inseridos os referidos arts. 29 a 41. Assim, definitivamente, os dispositivos que tratam do procedimento de execução previsto no Decreto-Lei n. 70/66 não podem ser aplicados à excussão da garantia fiduciária.

JURISPRUDÊNCIA

"RECURSO ESPECIAL. DIREITO CIVIL E PROCESSUAL CIVIL. ALIENAÇÃO FIDUCIÁRIA DE IMÓVEL. LEI N. 9.514/97. PURGAÇÃO DA MORA APÓS A CONSOLIDAÇÃO DA PROPRIEDADE EM NOME DO CREDOR FIDUCIÁRIO. POSSIBILIDADE ANTES DA ENTRADA EM VIGOR DA LEI N. 13.465/2017. APÓS, ASSEGURA-SE AO DEVEDOR FIDUCIANTE APENAS O DIREITO DE PREFERÊNCIA. PRAZO DO LEILÃO EXTRAJUDICIAL. ART. 27 DA LEI N. 9.514/97. PRECEDENTE ESPECÍFICO DESTA TERCEIRA TURMA.

1. Controvérsia em torno da possibilidade de purgação da mora pelo devedor até a data de lavratura do auto de arrematação do imóvel, sendo alegada a violação da regra do art. 34 da Lei n. 9.514/97.

2. Precedente específico desta Terceira Turma analisando essa questão sob o prisma de duas situações distintas e sucessivas ensejadas pela edição da Lei n. 13.465, de 11-7-2017, que alterou o art. 34 da Lei n. 9.514/97 (REsp 1.649.595/RS, Rel. Min. Marco Aurélio Bellizze, 3ª T., j. 13-10-2020, *DJe* 16-10-2020).

3. **No período anterior à Lei n. 13.465/2017, a purgação da mora, nos contratos de mútuo imobiliário com garantia de alienação fiduciária, submetidos à disciplina da Lei n. 9.514/97, era admitida no prazo de 15 (quinze) dias, conforme previsão do art. 26, § 1º, da lei de regência, ou a qualquer tempo, até a assinatura do auto de arrematação, com base no art. 34 do Decreto-Lei n. 70/66, aplicado subsidiariamente às operações de financiamento imobiliário relativas à Lei n. 9.514/97 (REsp 1.649.595/RS).**

4. **Sobrevindo a Lei n. 13.465, de 11-7-2017, que introduziu no art. 27 da Lei n. 9.514/97 o § 2º-B, não se cogita mais da aplicação subsidiária do Decreto-Lei n. 70/66, uma vez que, consolidada a propriedade fiduciária em nome do credor fiduciário, descabe ao devedor fiduciante a purgação da mora, sendo-lhe garantido apenas o exercício do direito de preferência na aquisição do bem imóvel objeto de propriedade fiduciária. (REsp 1.649.595/RS)**

Capítulo 2 • Da execução extrajudicial dos créditos garantidos por hipoteca

5. Desse modo: (i) antes da entrada em vigor da Lei n. 13.465/2017, nas situações em que já consolidada a propriedade e purgada a mora nos termos do art. 34 do Decreto-Lei n. 70/66 (ato jurídico perfeito), impõe-se o desfazimento do ato de consolidação, com a consequente retomada do contrato de financiamento imobiliário; (ii) a partir da entrada em vigor da lei nova, nas situações em que consolidada a propriedade, mas não purgada a mora, é assegurado ao devedor fiduciante tão somente o exercício do direito de preferência previsto no § 2º-B do art. 27 da Lei n. 9.514/97. (REsp 1.649.595/RS).

6. No caso, a demanda foi proposta pelo devedor recorrente apenas em 25-9-2017, buscando suspender os leilões aprazados para os dias 27-9-2017 e 4-10-2017, e requerendo autorização para depositar em juízo os valores para purgar a mora.

7. Reconhecimento pelo acórdão recorrido de que a consolidação da propriedade em nome do credor recorrido ocorrera em 30-8-2017, quando já vigente a regra do art. 27, § 2º-B, da Lei n. 9.514/97, com a redação dada pela Lei n. 13.465/2017.

8. Acórdão recorrido em perfeita sintonia com o precedente desta Terceira Turma.

9. RECURSO ESPECIAL PARCIALMENTE CONHECIDO E, NESTA PARTE, DESPROVIDO."

(STJ, REsp 1.818.156/PR, rel. Min. Paulo de Tarso Sanseverino, *DJe* 18-6-2021). (grifos nossos)

CAPÍTULO 3
Lei Federal n. 10.406/2002 – Código Civil

A Lei Federal n. 10.406/2002 – Código Civil, passa a vigorar com as seguintes alterações:

CAPÍTULO XXI

DO CONTRATO DE ADMINISTRAÇÃO FIDUCIÁRIA DE GARANTIAS

Art. 853-A

Qualquer garantia poderá ser constituída, levada a registro, gerida e ter a sua execução pleiteada por agente de garantia, que será designado pelos credores da obrigação garantida para esse fim e atuará em nome próprio e em benefício dos credores, inclusive em ações judiciais que envolvam discussões sobre a existência, a validade ou a eficácia do ato jurídico do crédito garantido, vedada qualquer cláusula que afaste essa regra em desfavor do devedor ou, se for o caso, do terceiro prestador da garantia.

§ 1º O agente de garantia poderá valer-se da execução extrajudicial da garantia, quando houver previsão na legislação especial aplicável à modalidade de garantia.

§ 2º O agente de garantia terá dever fiduciário em relação aos credores da obrigação garantida e responderá perante os credores por todos os seus atos.

§ 3º O agente de garantia poderá ser substituído, a qualquer tempo, por decisão do credor único ou dos titulares que representarem a maioria simples dos créditos garantidos, reunidos em assembleia, mas a substituição do agente de garantia somente será eficaz após ter sido tornada pública pela mesma forma por meio da qual tenha sido dada publicidade à garantia.

§ 4º Os requisitos de convocação e de instalação das assembleias dos titulares dos créditos garantidos estarão previstos em ato de designação ou de contratação do agente de garantia.

§ 5º O produto da realização da garantia, enquanto não transferido para os credores garantidos, constitui patrimônio separado daquele do agente de garantia e não poderá responder por suas obrigações pelo período de até 180 (cento e oitenta) dias, contado da data de recebimento do produto da garantia.

§ 6º Após receber o valor do produto da realização da garantia, o agente de garantia disporá do prazo de 10 (dez) dias úteis para efetuar o pagamento aos credores.

> § 7º Paralelamente ao contrato de que trata este artigo, o agente de garantia poderá manter contratos com o devedor para:
>
> I – pesquisa de ofertas de crédito mais vantajosas entre os diversos fornecedores;
>
> II – auxílio nos procedimentos necessários à formalização de contratos de operações de crédito e de garantias reais;
>
> III – intermediação na resolução de questões relativas aos contratos de operações de crédito ou às garantias reais; e
>
> IV – outros serviços não vedados em lei.
>
> § 8º Na hipótese do § 7º deste artigo, o agente de garantia deverá agir com estrita boa-fé perante o devedor.

COMENTÁRIOS

1. Introdução

O art. 3º da Lei Federal n. 14.711/2023 trata de uma nova figura contratual, que é a da administração fiduciária de garantias. Para tanto, inseriu o Capítulo XXI no Título VI do Livro I da Parte Especial do Código Civil, com o acréscimo do art. 853-A a esse diploma legal.

A gestão de garantias inerente a essa nova figura contratual é estabelecida a partir da perspectiva do credor. É preciso lembrar aqui das importantes e pertinentes críticas feitas por autores renomados à gestão especializada de garantias no interesse dos devedores (CHALHUB; GARBI, 2022).

Não obstante o título do referido Capítulo XXI sugira um tipo contratual mais amplo ("administração fiduciária de garantias"), na regulação propriamente dita do assunto o legislador optou por uma figura mais específica, a que chamou de "agente de garantia". Todavia, parece ser inegável a sua condição de espécie de agente fiduciário.

O agente de garantia é um importante vetor para a sistematização dos créditos e de suas respectivas garantias. Ele cuida da relação entre o devedor e o credor no contexto da administração de operações de financiamento em geral. Vale destacar nesse contexto os contratos sindicalizados, em que vários bancos se reúnem para fornecer os recursos necessários ao devedor e dividir os riscos do financiamento nas suas respectivas proporções. Nessas operações sindicalizadas, os credores exigem que o devedor outorgue garantias para assegurar o crédito concedido. E ganha relevo aqui a designação de um agente de garantia para promover a gestão administrativa e operacional do financiamento, inclusive para ser o ponto de contato entre o devedor, o credor e, se o caso, os terceiros garantidores.

Vale desde logo registrar um traço importante da figura do agente de garantia: ele atua em nome próprio, mas sempre em benefício do credor. Nos tópicos seguintes, procuraremos nos aprofundar nesse e em outros traços que compõem o instituto do agente de garantia.

2. Das atividades do agente de garantia

Para começar a análise da nova modalidade contratual, vale indicar, ainda que exemplificativamente, algumas das atividades exercidas pelo agente de garantia.

Mesmo antes do advento do art. 853-A, na prática do mercado financeiro, o agente de garantia já era uma figura conhecida e exercia funções administrativas organizacionais e instrumentais para operações de crédito, as quais, conjuntamente com as atribuições presentes no novo e referido dispositivo legal, podem ser assim resumidas (SALOMÃO NETO, 2014, p. 327):

a) recebimento dos valores do credor em caráter fiduciário[1];

b) constituição das garantias;

c) verificação das condições estabelecidas no contrato de empréstimo que autorizam o repasse dos valores ao devedor;

d) repasse ao devedor;

e) recebimento dos valores do devedor e sua transferência ao credor;

f) recebimento de notificações endereçadas ao credor relativas à operação de crédito em que foi designado agente;

g) elaboração de cálculos para determinação do valor a ser pago pelo devedor;

h) realização de diligências para o monitoramento da situação financeira do devedor;

i) comunicação ao credor quanto à ocorrência de inadimplemento;

j) representação do credor em demandas (judiciais e/ou administrativas) necessárias para a proteção ou defesa do crédito;

---

[1] A natureza fiduciária dessa relação é avaliada no decorrer deste texto.

Capítulo 3 • Lei Federal n. 10.406/2002 – Código Civil

k) declaração de vencimento antecipado da dívida, desde que presentes os requisitos que a permitam e que seja previamente autorizado pelo credor;

l) execução das garantias;

m) repasse ao credor dos valores e direitos recebidos em decorrência da execução das garantias;

n) outorga do termo de quitação ao devedor; e

o) prestação de contas da sua administração ao credor.

Outras funções, pertinentes à operação de financiamento, costumam ser previstas no instrumento de contratação do agente de garantia, conforme as circunstâncias do caso concreto e das partes envolvidas.

3. Da atuação do agente de garantia[2] (parte 1)

O *caput* do art. 853-A estabelece que qualquer garantia poderá ser constituída, levada a registro, gerida e ter a sua execução pleiteada por um agente de garantia, que atuará em nome próprio.

De início, podemos destacar que não se trata aqui de representação (art. 115 do CC), porque esta se caracteriza, tanto a legal quanto a convencional, pela conferência de poderes para alguém (representante) agir em nome e no interesse de outrem (representado).

Renan Lotufo esclarece que a representação exige a *contemplatio domini*, ou seja, a atuação em nome e no interesse alheio (LOTUFO, 2004, comentários ao art. 115). Ainda sobre a *contemplatio domini*, vale fazer referência à lição de Tepedino e Oliva, no sentido de que ela consiste na atuação ostensiva do representante em nome do representado, de modo que os terceiros se vinculam ao representado, e não ao representante (TEPEDINO; OLIVA, 2017, p. 17-36).

A intenção do legislador parece ser no sentido de que o agente de garantia atue em seu próprio nome, ou seja, sem a outorga da representação, ainda que tal atuação se dê no interesse do credor. Em outras

---

[2] Em termos de comparação, o Código Civil francês prevê expressamente a figura do agente de garantia nos arts. 2.488-6 e seguintes e estabelece que esse também agirá em nome próprio. No entanto, o art. 2.488-7, do mesmo código, exige, sob pena de nulidade, que o contrato entre o agente de garantia e o credor seja escrito e que nele contenha o seu objeto, a duração e a extensão dos poderes daquele (agente de garantia). Disponível em: https://www.legifrance.gouv.fr/codes/section_lc/LEGITEXT000006070721/LEGISCTA000034583258/#LEGISCTA000034588765. Acesso em: 11 jul. 2022.

palavras, não haveria vinculação entre o credor e os terceiros com quem o agente de garantia se relacione no exercício de suas funções.

4. Do mandato sem representação

Uma figura que se aproxima do agente de garantia é a do mandato sem representação, de controvertida admissão no direito brasileiro.

No contrato de mandato, o mandante outorga poderes ao mandatário para agir em seu nome e no seu interesse (art. 653 do CC).

Não obstante exista tendência no sentido de se associar mandato e representação, essas figuras podem se apresentar separadamente. Como adverte Claudio Luiz Bueno de Godoy, o conceito de mandato induz à outorga de *poderes para que o mandatário aja em nome do mandante, portanto como se fosse seu pressuposto a existência de representação*. E continua, para esclarecer que a representação, como mecanismo, legal ou convencional, pelo qual alguém fala em nome de outrem, pode ou não estar no mandato (GODOY, 2021, p. 635).

Assim, no contrato de mandato pode ou não haver a representação.

O mandato sem representação é o contrato pelo qual uma das partes encarrega a outra da administração de seus interesses, sem que sejam conferidos ao mandatário quaisquer poderes que possam caracterizá-lo como representante do mandante.

Se o mandato não contiver a representação (a *contemplatio domini*), o mandatário agirá em nome próprio e não em nome do mandante. E tal circunstância parece ser admitida em nosso sistema jurídico, à luz do conteúdo da parte final do art. 663 do Código Civil, que estabelece que o mandatário ficará pessoalmente responsável perante terceiros pelos atos que praticar em seu próprio nome, ainda que o negócio seja de conta do mandante. Os atos praticados pelo mandatário (em seu próprio nome), sem representação conferida pelo mandante, obrigarão tão somente ele (mandatário) e o terceiro. Não haverá vinculação entre o terceiro e o mandante. Toda responsabilidade recairá sobre o mandatário[3].

Conforme disposto no referido art. 853-A do Código Civil, o agente de garantia *será designado pelos credores* para atuar, em nome

---

[3] Não se trata da hipótese de atos praticados por quem não tenha mandato ou que o tenha sem os poderes suficientes ou, ainda, que os exceda na sua execução (arts. 662 e 665 do CC). Os atos praticados pelo mandatário sem que tenha qualquer poder, tenha-os insuficientemente ou que os praticar com excessos, não obrigarão o mandante, salvo se este os ratificar.

Capítulo 3 • Lei Federal n. 10.406/2002 – Código Civil

próprio, na constituição, no registro, na gestão e na execução de qualquer modalidade de garantia. Isso requer um contrato que discipline a relação entre eles, especialmente as obrigações que o agente deverá cumprir para a consecução do seu objeto[4].

Desse ajuste entre o credor e o agente de garantia nascem duas relações, uma interna e outra externa. A interna diz respeito às obrigações assumidas por um em relação ao outro[5]. A externa refere-se à relação do agente de garantia com o devedor e com terceiros, na medida em que aquele, mesmo que no interesse do credor, age em nome próprio[6].

Ao permitir que o agente de garantia aja *em nome próprio*, o art. 853-A induz à dispensa da outorga, pelo credor, de poderes de representação na relação do agente de garantia com o devedor ou com terceiros.

Contudo, agindo em nome próprio (mandato sem representação), o agente de garantia será pessoalmente responsável perante o devedor e terceiros pelos direitos e pelas obrigações decorrentes dos atos que praticar (art. 663 do CC).

Se de mandato se tratasse aqui, o agente de garantia teria o dever de transferir para o credor (mandante) todas as vantagens adquiridas em razão do mandato, a qualquer título, nos termos do art. 668 do Código Civil. Todavia, os efeitos jurídicos dos direitos e das obrigações assumidos em decorrência do mandato, em relação aos quais o mandatário sem representação fica titular porque agiu em nome próprio,

---

[4] Não se trata de contrato de comissão porque este, segundo o art. 693 do Código Civil, tem por objeto a aquisição ou a venda de bens pelo comissário em seu próprio nome. Percebe-se uma nítida restrição no espectro de atuação do comissário, que só poderá agir na aquisição ou na venda de bens, o que não seria suficiente para a atuação que se pretende do agente de garantia. Na comissão, falta a representação, pois o comissário age em seu próprio nome, mas no interesse de outrem. São aplicáveis, no que couber, as regras do mandato à comissão (art. 709 do CC), o que demonstra, em tese, que a representação seria uma constante no mandato, o que já vimos não ser a regra, pois é possível haver mandato sem representação e representação sem mandato. No contrato de comissão, a remuneração do comissário é obrigatória (arts. 701, 703 e 705 do CC), o que o distingue do mandato (mesmo sem representação), em que não há tal obrigatoriedade (art. 658 do CC).

[5] Por exemplo, o agente fica obrigado a repassar os valores que receber do devedor a título de pagamento da dívida e o credor a pagar ao agente a remuneração acordada.

[6] Por exemplo, a elaboração de cálculos para determinação do valor a ser pago pelo devedor ao credor.

repercutirão única e diretamente na sua esfera patrimonial, e não na do mandante.

Para que tais efeitos jurídicos repercutam na esfera patrimonial do mandante será necessário um outro negócio jurídico autônomo de transmissão desses direitos e obrigações adquiridos pelo agente de garantia no exercício do mandato sem representação.

Na sua relação com o agente de garantia, cabe ao credor prover o que for necessário para o cumprimento das obrigações assumidas perante terceiros. Essa obrigação de suporte, naturalmente, fica circunscrita ao que for de interesse do credor. Somente nessas situações é que ele estaria obrigado a respaldar o agente de garantia perante terceiros.

Fosse hipótese de mandato, o art. 664 do Código Civil ampararia essa obrigação de suporte do credor em favor do agente de garantia (mandatário), por autorizar que o mandatário retenha o que for necessário para o pagamento de tudo que lhe for devido em consequência do exercício do mandato.

5. A atuação em nome próprio e alguns problemas práticos no âmbito das garantias reais imobiliárias

A atuação do agente de garantia em nome próprio faz surgir algumas dificuldades para o alcance de determinados objetivos expressamente indicados no *caput* do art. 853-A, sobretudo, em matéria de funcionalidade e agilidade. Merecem destaque, aqui, as garantias reais que dependam de inscrição em registro público. O processo da sua constituição e da sua execução para a satisfação do real titular do crédito enfrentará burocracia e custos adicionais.

No caso, é preciso refletir sobre a constituição de uma garantia real imobiliária, em nome do próprio agente de garantia (agindo nos moldes de um mandato sem representação), mas para garantir o crédito de outrem (credor original). Por constituição da garantia, deve-se entender a formalidade prevista no art. 1.227 do Código Civil, pela qual somente se adquirem e se constituem direitos reais com o registro do título na matrícula do respectivo imóvel.

A atuação do agente em nome próprio (sem a representação do credor) implica a formalização do título de garantia e a sua constituição no registro imobiliário em seu nome, e não em nome do real titular

Capítulo 3 • Lei Federal n. 10.406/2002 – Código Civil

do crédito[7]. A falta de representação impede que os atos (de formalização e de constituição) sejam praticados diretamente em nome do credor (mandante), pois não há outorga de poderes para tanto. Falta a *contemplatio domini* de que se falou mais acima.

Nessas circunstâncias, cria-se um descompasso entre o dono do crédito a ser garantido (credor original) e o titular da garantia real formalmente constituída no registro de imóveis (agente de garantia). Isso faz lembrar de princípios registrários sedimentados no ordenamento brasileiro, que conferem segurança jurídica ao sistema e aos usuários.

Um dos princípios fundamentais do nosso sistema registrário imobiliário é o da continuidade, o qual significa que, em relação a cada imóvel, deverá existir uma cadeia sucessiva de titulares, de modo que somente será feita determinada inscrição de um direito se o outorgante constar no registro como seu titular imediato (Lei Federal n. 6.015/73, art. 237).

Tendo o devedor plena disponibilidade de seu imóvel, nada impede que ele outorgue hipoteca ou propriedade fiduciária em favor de seu credor (Código Civil, art. 1.367 c/c 1.420). No entanto, para outorgar garantia a um terceiro que não é o titular do crédito (agente de garantia), o devedor terá que ser conhecedor da relação entre o credor e o agente. Isso nos leva a considerar que o devedor, para formalizar a garantia real nessas condições, deverá ser formalmente cientificado sobre a existência de tal relação e ter autorização expressa[8] do credor para que instrumentalize os atos necessários para formalização e constituição da garantia em nome do agente.

Formalizado o título da garantia real imobiliária (em nome do agente de garantia), o passo seguinte para sua constituição é o registro na matrícula do imóvel. Imaginamos que o título que formalizar a garantia real imobiliária será registrado na correspondente matrícula e o agente será designado como titular (outorgado) da garantia, nomeado nos termos do que pretende o art. 853-A, com o proprietário do imóvel

---

[7] Se o título for constituído, por intermédio do agente de garantia, em nome do credor, o agente agirá por meio de mandato com representação, como se verá adiante.

[8] Mantido esse entendimento, a autorização do credor para que o devedor constitua a garantia real em nome do agente de garantia poderá representar outorga de poderes de representação, o que afastaria a situação de mandato sem representação, passando todos os atos a serem formalizados diretamente em nome do credor, o que, portanto, esvaziaria a intenção do legislador de permitir que o agente de garantia atue em nome próprio.

figurando como outorgante da garantia. O credor, em tese, não deveria ser mencionado no conteúdo do registro, porque, tal qual num mandato sem representação, não integraria a relação.

Superada a questão da constituição da garantia (em nome do agente de garantia), no caso de pagamento da dívida, não vislumbramos problemas para os desdobramentos daí decorrentes: o agente cumprirá com a sua função estabelecida no contrato celebrado com o credor original, receberá os valores do devedor, repassá-los-á para aquele (o real titular do crédito) e outorgará quitação ao devedor.

Vale destacar que o agente de garantia só outorgará o termo de quitação total se o credor original se declarar plenamente satisfeito com o pagamento. Caso o agente de garantia outorgue quitação ao devedor sem que a dívida tenha sido integralmente paga, ele responderá perante o credor pelos prejuízos que causar.

Todavia, na situação de inadimplemento, o agente deverá tomar as providências para a execução da respectiva garantia real imobiliária, e o cenário ganha maior complexidade. Se no âmbito extrajudicial, a execução deverá observar os procedimentos estabelecidos pela Lei Federal n. 9.514/97 ou pelo art. 9º da Lei Federal n. 14.711/2023[9]. Caso a execução seja judicial, o art. 853-A pode ser visto como autorização para que o agente pleiteie direito alheio em nome próprio, nos termos do art. 18 do CPC.

Promovida com sucesso a execução da garantia real imobiliária, o agente formalizará o título de transferência para o adquirente, repassará ao credor o valor obtido com a alienação do imóvel até o limite da dívida e entregará ao devedor o termo de quitação e o valor que sobejar, se o caso.

Porém, se o agente não obtiver êxito na execução da garantia real e não conseguir alienar o imóvel por falta de licitantes ou por serem os lances considerados insuficientes, aquela anunciada complexidade ganha concretude.

Nas situações em que o credor é o titular direto da garantia real imobiliária, abre-se a possibilidade de que no procedimento executório ele fique com o imóvel em pagamento do seu crédito[10]. Tratando o

---

[9] Trata da execução extrajudicial dos créditos garantidos por hipoteca.

[10] Vale o destaque de que o nosso sistema considera nula a chamada cláusula comissória que autoriza o credor a ficar com o objeto da garantia real. Veja-se o art. 1.367 c/c o art. 1.428, ambos do Código Civil.

Capítulo 3 • Lei Federal n. 10.406/2002 – Código Civil

agente de garantia como alguém que atua com um mandato sem representação, surge a possibilidade de descasamento entre a pessoa em nome de quem se constitui a garantia real no registro de imóveis e a pessoa titular do crédito (credor original), como já dito antes. Por isso, em atenção ao referido princípio da continuidade registrária, no caso de inadimplemento, de insucesso na alienação forçada e da consequente transferência ou consolidação da propriedade, o título aquisitivo somente poderá ser expedido em nome da pessoa em favor da qual foi constituída a garantia real imobiliária. Assim, se o título tiver sido formalizado em nome do agente de garantia, o seu respectivo registro também será feito em seu nome.

Para que a satisfação do crédito aconteça nesse cenário, o agente de garantia terá que praticar outro ato de transmissão do imóvel, agora em favor do credor. Ter-se-ão, portanto, duas transferências: uma do devedor para o agente de garantia[11], e outra deste para o credor original[12] (em pagamento do crédito), o que se mostra demasiadamente custoso e burocrático.

Enzo Roppo já alertava para essa circunstância, ao afirmar que um mandato para adquirir bem de terceiro pode ser com representação, situação em que o contrato concluído pelo mandatário com terceiro produz efeitos diretamente na esfera patrimonial do mandante, pois este adquire desde logo a propriedade do bem; e pode ser sem representação, caso em que ocorre uma dupla transferência, sendo uma referente à aquisição pelo mandatário em nome próprio, quando se torna proprietário do bem, e outra, posteriormente, em ato separado e subsequente, com a transferência do bem adquirido pelo mandatário para o mandante (ROPPO, 2008, p. 115)[13].

6. O patrimônio adquirido pelo agente de garantia

A titularidade patrimonial do agente de garantia tem características especiais, por se legitimar para o tráfego jurídico perante terceiros de boa-fé, por ser subordinada à relação jurídica originária constituída com o credor e por ostentar natureza provisória e transitória.

---

[11] Em nome de quem foi feito o registro do título da garantia real imobiliária.

[12] Que pelo mandato sem representação não aparece no conteúdo do registro do título da garantia real imobiliária, vez que feito apenas em nome do agente de garantia.

[13] No mesmo sentido: Barea (1983, p. 1441) e Picazo (1978, p. 494).

Contudo, enquanto não formalizada a transferência para o credor, aquele se apresenta como o real titular do bem.

Isso também se insere no contexto de complexidade apontado anteriormente, pois é preciso definir se o imóvel adquirido pelo agente de garantia nessas circunstâncias integraria ou não o seu patrimônio e em que condições, inclusive para fins de satisfação de credores exclusivamente seus.

Entender que o imóvel adquirido pelo agente de garantia integraria seu patrimônio de forma plena significaria deixar o credor à mercê da vontade do agente de garantia, que teria direitos plenos para, por exemplo, alienar o imóvel para terceiros ou dá-lo em garantia de dívidas suas, cabendo ao credor apenas pleitear a prestação de contas, com eventual cobrança de perdas e danos e transferência de vantagens obtidas pelo agente na execução do mandato (art. 668 do CC).

Como é cediço, todos os bens do devedor respondem pelo adimplemento das suas obrigações (arts. 391 do CC e 789 do CPC). Nas regras relativas ao mandato no direito brasileiro, não há previsão expressa de segregação dos bens que o mandatário (em nome próprio) tenha adquirido em decorrência do exercício do mandato[14].

No caso do agente de garantia, o § 5º do art. 853-A estabelece certo limite para a titularidade patrimonial do agente de garantia: por 180 dias, contados do recebimento do produto da garantia, esse produto constitui patrimônio separado e não responde pelas obrigações do agente de garantia. Para além disso, cabe ao credor sustentar, ainda, que a propriedade do agente de garantia é subordinada à relação jurídica constituída por eles, e que o bem integra o patrimônio deste de forma provisória, temporária e apenas com a finalidade de satisfazer os interesses daquele.

Contudo, a falta de dispositivo legal claro e expresso que preveja a integral e irrestrita segregação do bem nessas circunstâncias pode colocar em risco os direitos do credor, especialmente perante terceiros de boa-fé que desconheçam a relação estabelecida com o agente de garantia.

---

[14] O Código Civil português, no art. 1.184, estabelece que os bens que o mandatário adquirir pela execução do mandato devem ser transferidos para o mandante e não respondem pelas obrigações daquele, "desde que o mandato conste de documento anterior à data da penhora desses bens e não tenha sido feito o registo da aquisição, quando esta esteja sujeita a registo". Não temos regra similar em nossas disposições sobre o mandato.

7. Do inadimplemento do agente de garantia

Problema que poderá surgir no âmbito da relação com o agente de garantia guarda relação com o seu inadimplemento diante das obrigações assumidas perante o credor, especialmente quanto ao prosseguimento da excussão da garantia real.

Estando a garantia real imobiliária registrada em nome do agente, o credor não teria como promover os atos de execução, porque não seria o titular da garantia inscrita.

A destituição, por si só, não implicaria a automática substituição do agente de garantia pelo credor na realidade registrária; o registro da garantia real imobiliária permaneceria em nome daquele. É necessário um ato formal, a ser inscrito na matrícula do imóvel, para formalizar essa substituição e publicizá-la, atendendo ao princípio da continuidade.

Nessas condições, o contrato celebrado entre o credor e o agente de garantia deve prever que, caso o credor destitua o agente, o termo de destituição será o documento hábil para promover a respectiva averbação na matrícula do imóvel, para que o credor passe a ser o titular da garantia real imobiliária[15], mantendo-se a sua posição em relação aos demais direitos reais e constrições judiciais e/ou administrativas eventual e anteriormente inscritos e contraditórios.

Não se pode afastar, ainda, a necessidade da via judicial para o credor obter o reconhecimento de que é o titular da garantia real, e não o agente, o que poderá novamente desvirtuar a praticidade que se busca com essa contratação e acarretar morosidade na recuperação do crédito[16].

---

[15] Lei Federal n. 6.015/73, art. 167, II, 5.

[16] Ementa: "Recuperação judicial. Decisão que indeferiu requerimento de fundo credor para excutir objeto de alienação fiduciária em garantia celebrada com a recuperanda. Agravo de instrumento do credor. Contrato que instituiu regime de garantias com ordem prioritária de excussão. Alienação fiduciária em garantia de imóvel da recuperanda que figurou como a última das garantias. Esvaziamento das garantias prioritárias (direitos creditórios e participações societárias) comprovado. Imóvel alienado em fidúcia para agente de garantias, terceiro, não para o credor. Agente que havia sido contratado pelas partes para administrar e excutir garantias em caso de inadimplemento e que nunca foi beneficiário da garantia, apesar de, formalmente, figurar como tal. Prova de que o credor é o beneficiário. O princípio da continuidade registral não pode ser óbice à efetiva excussão da garantia por seu verdadeiro titular. Precedente da 2ª Câmara Reservada de Direito Empresarial deste Tribunal. Reforma da decisão recorrida. Agravo de instrumento a que se dá provimento, com determinações, até mesmo no sentido de conciliar o que se delibera com plano de recuperação há pouco homologado, que é

8. Do novo tipo contratual

Em relação ao PL n. 4.188, parece-nos ter acertado a Lei Federal n. 14.711/2023 na escolha do nome para o Capítulo XXI do Título VI do Livro I da Parte Especial do Código Civil: "contrato de administração fiduciária de garantias", em vez de "agente de garantia". Afinal, o nome indicado no projeto de lei envolvia uma atecnia, por designar o tipo contratual pelo nome de uma das partes contratantes, o que foi corrigido no processo legislativo. Todavia, o legislador teria acertado ainda mais se nomeasse o capítulo como "contrato de administração fiduciária de créditos e de garantias".

Também teria acertado mais o legislador se tivesse se empenhado numa melhor disciplina para o assunto em si, já que a relação entre o credor e o agente de garantia é objeto de um negócio jurídico muito mais amplo e complexo do que o descrito no texto do art. 853-A. E existem temas na relação entre o credor e o agente de garantia que poderiam ter sido melhor tratados na lei, como o dos poderes especiais para a prática de determinados atos e da responsabilidade patrimonial.

A figura de uma espécie de mandatário sem representação não deve interditar o espaço para a subsistência de um mandatário com representação nessas circunstâncias[17], que pratique os atos já em nome do credor, fazendo surtir efeitos diretamente na sua esfera patrimonial, se assim for do seu interesse. A atuação do agente de garantia com representação do credor (*contemplatio domini*) resolve a questão da continuidade registrária, pois a garantia será constituída já em nome do credor. Isso evitará a situação de dupla transferência e conferirá maior agilidade e menor custo à transação. Ainda, a titularidade do imóvel deixa de passar pela esfera patrimonial do agente de garantia, o que equaciona os apontados problemas em matéria de responsabilidade patrimonial e de adimplemento das obrigações pelo agente de garantia.

É fato que conferir poderes de representação ao agente de garantia tornaria ociosa a criação do novo tipo contratual ("Administração

---

objeto de recurso de outro credor (AI 2130581-06.2022.8.26.0000)" (TJSP, AgI n. 2063842-85.2021.8.26.0000, rel. Cesar Ciampolini; j. 29-6-2022).

[17] Vale destacar que nessa hipótese o mandato deverá conter poderes especiais e expressos, pois poderão ser praticados atos que exorbitem a mera administração, como no caso de alienação decorrente da execução da garantia (art. 661 do CC).

Capítulo 3 • Lei Federal n. 10.406/2002 – Código Civil

Fiduciária de Garantias"). Afinal, estar-se-ia aqui diante de nada mais nada menos do que um bom e velho mandato.

Entretanto, à luz de necessidades práticas identificadas em determinadas operações de crédito, denota-se que há aspectos na relação entre o credor e o agente de garantia que não são satisfatoriamente atendidos pelas regras do mandato[18], fazendo sentido, assim, cogitar de um novo instituto. Todavia, os correlatos custos adicionais, burocracia e insegurança exigem reflexão e cuidado na eleição do melhor tipo contratual em cada caso. Quando as necessidades de uma certa situação concreta falarem mais alto do que exigências de praticidade, agilidade e segurança, que se lance mão da administração fiduciária de garantias; quando essas exigências pesarem mais, o mandato parece ser a figura contratual a ser utilizada.

9. Da relação entre o credor e o agente de garantia. Negócio fiduciário

O agente de garantia deve ter um comportamento leal para com o credor e buscar cumprir fielmente as suas obrigações, principalmente no sentido de zelar pelo crédito e sua plena satisfação.

Nos termos do § 2º do art. 853-A, exige-se dever fiduciário do agente de garantia em relação ao credor, o que ajuda a chegar à conclusão de que se tem um negócio jurídico de natureza fiduciária entre eles.

Contribuem para o caráter fiduciário do negócio as necessidades que levam o credor a nomear um agente de garantia, as características técnicas que fazem o credor escolher o agente para desenvolver as suas funções, as qualidades próprias que o agente de garantia deve ter para inspirar confiança no credor (lealdade, probidade, retidão etc.), a transferência (ainda que temporária e limitada) de um determinado bem ou direito em favor do agente sem contraprestação econômica, a vinculação dessa transferência à consecução dos interesses do credor, as relações interna e externa que surgem entre o credor e o agente de garantia e entre este e terceiros, o dever fiduciário que o agente deve ter em relação ao credor, a segregação (afetação) patrimonial do produto em caso de execução da garantia, as limitações legal e contratual do agente quanto aos atos de disposição do objeto da garantia, a obrigação de (re)transmitir ao credor o bem cedido fiduciariamente ao início,

---

[18] Como acontece na dupla transferência ou na responsabilidade patrimonial do agente enquanto o imóvel não é transferido ao credor.

bem como tudo o que auferir em decorrência da gestão, além do compromisso contratualmente assumido de agir para alcançar um fim específico (o adimplemento do crédito).

Nessas condições, podemos considerar como negócio fiduciário aquele em que o fiduciante, titular de determinado bem ou direito, transmite-o ao fiduciário para que este aja de acordo com os limites da lei e com o que fora estipulado em contrato (*pactum fiduciae*) e restitua-o ao fiduciante após o decurso de um determinado tempo ou alcançada uma finalidade específica. O fiduciário adquire o bem ou o direito transmitido pelo fiduciante de maneira temporária, limitada, vinculada e afetada à finalidade estabelecida na lei e/ou no contrato[19].

Pode-se discutir se os bens ou os direitos fiduciados sobre os quais são estampados o vínculo de destinação dos interesses do fiduciante, apesar de constituírem um acervo patrimonial vinculado à consecução do objetivo estabelecido no contrato (*pacto fiduciae*), são de titularidade exclusiva do fiduciário. Porém, como adverte André Figueiredo, uma característica diferenciadora que decorre do negócio fiduciário e da especial situação proprietária que dele emerge é a imputação substancial do resultado econômico; ou seja, o negócio fiduciário "dissocia *titularidade jurídica* de um direito patrimonial e *interesse* no aproveitamento do bem que lhe está subjacente: a primeira permanece na esfera do fiduciário, enquanto o segundo é imputável à do fiduciante". Em outras palavras, o fiduciário tem a titularidade jurídica de um bem ou de um direito para viabilizar a estrutura de um negócio, mas o interesse no proveito econômico da coisa fiduciada fica vinculado ao fiduciante (FIGUEIREDO, 2020, p. 173).

Doutra parte, convém registrar que, não obstante alguns traços comuns, o mandato sem representação e o negócio fiduciário não se confundem. O mandato permanece como negócio autônomo e distinto e a posição do mandatário não decorre da propriedade (eventualmente) adquirida do bem ou do direito, mas sim da relação existente com o mandante no contrato de mandato. No negócio fiduciário, os poderes

---

[19] Otto de Souza Lima define o negócio jurídico fiduciário como sendo "aquele em que se transmite uma coisa ou direito a outrem, para determinado fim, assumindo o adquirente a obrigação de usar deles segundo aquele fim e, satisfeito este, de devolvê-lo ao transmitente" (LIMA, 1962, p. 170). Para Melhim Namem Chalhub, a "(...) fidúcia encerra a ideia de uma convenção pela qual uma das partes, o *fiduciário*, recebendo da outra (*fiduciante*) a propriedade de um bem, assume a obrigação de dar-lhe determinada destinação e, em regra, de restituí-lo uma vez alcançado o objetivo enunciado na convenção" (CHALHUB, 2021, p. 9).

Capítulo 3 • Lei Federal n. 10.406/2002 – Código Civil

do fiduciário resultam diretamente da propriedade que adquire sobre o bem ou sobre o direito fiduciado e do contrato que lhe dá suporte (*pacto fiduciae*), que serve para disciplinar (*inter partes*) os limites do seu uso e o momento da sua retransmissão ao fiduciante (MARTORELL, 1950, p. 169).

Em razão da relação fiduciária que se instaura no âmbito do art. 853-A, o credor deve transferir fiduciariamente o crédito da operação ao agente de garantia. Essa transferência é vinculada à obrigação de gestão do agente, que deverá tomar todas as medidas necessárias para a administração do pagamento pelo devedor, para a constituição das garantias e para a sua execução, se o caso, para, ao final, promover a plena satisfação do credor.

Parece-nos que as disposições pretendidas pelo art. 853-A revelam uma aproximação muito maior ao negócio fiduciário de administração do que a uma relação entre mandante e mandatário, não obstante as semelhanças com o mandato sem representação.

Nosso atual sistema jurídico reconhece que as partes têm o direito de autorregular seus interesses contratualmente, desde que não sejam contrários à lei. E o negócio fiduciário não é repelido pelo sistema. Ao contrário. O art. 853-A até o estimula. Nessas condições, para a validade e a eficácia do negócio fiduciário, basta que as partes do negócio fiduciário sejam capazes, que seu objeto seja lícito e a forma prescrita ou não proibida por lei[20].

Para que se caracterize o negócio fiduciário entre o credor e o agente de garantia, é preciso ampliar o escopo de contratação para além da mera gestão de garantias. Deve haver a transmissão do crédito do credor para o agente de garantia, em caráter fiduciário, para que este pratique todos os atos necessários para sua administração, até o efetivo e integral pagamento.

Essa transmissão, que se opera pela cessão de crédito com natureza fiduciária, deve ser querida pelo credor e pelo agente de garantia, mas não de forma definitiva, e sim temporária, vinculada e afetada à finalidade de gestão e de satisfação integral do crédito. No mesmo título em que se aperfeiçoa a cessão fiduciária de crédito, as partes ajustam as obrigações do agente de garantia, especialmente a de retransmitir ao credor tudo o que receber em razão da sua administração fiduciária

---

[20] Código Civil, art. 104.

e de executar as respectivas garantias reais em caso de inadimplemento do devedor.

Na administração fiduciária de créditos e de garantias, o agente de garantia é o fiduciário, o credor é o fiduciante e o crédito é o bem fiduciado (e as garantias, como acessórias, seguem a mesma sorte do principal, que é o crédito).

Referimo-nos aqui a uma relação fiduciária que tem como objetivo proteger os interesses do fiduciante ao designar o fiduciário especializado para gerir e administrar determinados bens ou direitos seus (o crédito, no caso)[21].

Como destaca Moreira Alves ao citar a posição de Dernburg,

> (...) no negócio fiduciário é possível distinguir nitidamente a relação externa entre o fiduciário e terceiros, e a relação interna entre o fiduciário e o fiduciante. Naquela o fiduciário surge como proprietário de uma coisa ou como titular de um direito de crédito, dispondo, perante terceiros, das faculdades que formam o conteúdo desses direitos; nesta, o fiduciário aparece como simples mandatário do fiduciante. (MOREIRA ALVES, 1987, p. 7).

A conceituação de negócio fiduciário apresentada mais acima remonta à fidúcia de origem romana, que era baseada exclusivamente na confiança (*fides*)[22]. No tipo romano, o fiduciante ficava desprotegido caso o fiduciário rompesse a confiança nele depositada e não desse aos bens ou aos direitos a ele transmitidos em fidúcia a finalidade desejada pelo transmitente, pois a transferência era feita de maneira plena e definitiva.

Tal fragilidade levou à necessidade de se regulamentar o negócio fiduciário para aprimorar a proteção ao fiduciante diante dos possíveis desvios do fiduciário, diminuindo, assim, a força da mera *confiança* na relação jurídica fiduciária. Inseriu-se no regulamento do negócio fiduciário, também, a segregação, do patrimônio geral do fiduciário, dos bens ou direitos transmitidos fiduciariamente.

---

[21] Ao contrário daquela já tão conhecida que tem escopo de garantia e que atende aos interesses do fiduciário na proteção de uma obrigação e na recuperação de seu crédito (*cum creditore*).

[22] A fidúcia que é regulamentada por lei e que não permite a possibilidade de comportamento abusivo pelo fiduciário não é considerada fidúcia em sentido técnico. Entendimento de Grassetti, citado por Martorell (1950, p. 123).

Daí advém a construção germânica do negócio fiduciário: o fiduciário adquire um direito de propriedade resolúvel ou limitado sobre a coisa transmitida pelo fiduciante, ou, ainda, se se tratar de direito de crédito, obtém-no com conteúdo limitado pela lei e em conformidade com o quanto estabelecido pelas partes no contrato.

Como destaca Melhim Namem Chalhub, não é pelo fato de ser regulado por lei que se atribui ao negócio jurídico a natureza fiduciária (CHALHUB, 2021, p. 56); o que o conceitua é a confiança do fiduciante no fiduciário, no sentido de que este tem capacidade técnica de desenvolver as atividades estabelecidas em contrato (*pactum fiduciae*) e de que dará a destinação acordada aos bens ou aos direitos recebidos[23].

Destaca Christoph Fabian que, como instituto geral, a fidúcia não é normatizada; emana da vontade das partes. A fidúcia propriamente dita, continua o autor,

> (...) existe como um instituto não completamente regulamentado pela lei. Ela existe como contrato inominado e os institutos fiduciários do direito positivo só descrevem formas especiais dela, embora sejam as formas mais importantes. Neste aspecto, ela reflete a autonomia privada das partes de configurar um contrato. Não obstante a sua grande flexibilidade, constam-se duas finalidades principais da fidúcia: a finalidade da garantia que reflete a antiga fidúcia *cum creditore* e a finalidade de administração ou gestão que reflete a antiga fidúcia *cum amico* (FABIAN, 2007, p. 39 e 70).

Enfim, na relação fiduciária com a finalidade de administração de créditos e de garantias, o fiduciário (o agente de garantia) adquire do fiduciante (credor) a legitimidade para o exercício de determinados direitos patrimoniais e poderes a eles intrínsecos, inclusive o de disposição, em nome próprio, observados os limites e as finalidades impostos na lei e no respectivo contrato. E isso acontece com alguma segregação patrimonial do produto obtido pela execução da garantia, ainda que temporária (§ 5º). Daí se poder dizer que o negócio jurídico fiduciário de administração é o melhor rótulo para a relação que aqui se descreve, não obstante a existência de alguns traços comuns com o mandato sem representação.

---

[23] Na época da elaboração deste trabalho estava em tramitação legislativa o Projeto de Lei n. 4.758/2020, que dispõe sobre a fidúcia.

10. Os direitos atribuídos ao agente de garantia na qualidade de fiduciário

De largada, é preciso salientar que o agente de garantia deverá ser alguém reconhecidamente especializado e competente na atividade de gestão, não só do ponto de vista das suas habilidades técnicas, mas também aos olhos do mercado, de modo que qualquer terceiro tenha condições de saber sobre o exercício de suas atividades fiduciárias.

Os direitos atribuídos ao fiduciário para a administração do crédito cedido pelo fiduciante (credor) não são plenos nem exclusivos, mas sim limitados, temporários e vinculados aos objetivos estabelecidos no contrato (*pacto fiduciae*) e devem ser exercidos sempre em benefício do fiduciante.

Importa salientar que a atribuição dos direitos decorrentes da cessão de crédito ao fiduciário é feita sem uma contraprestação econômica que justifique o correspondente incremento em seu patrimônio. Ao contrário, a cessão de crédito ao fiduciário é neutralizada pela obrigação de retransmiti-lo ao fiduciante nas condições do contrato, razão pela qual o objeto da transferência fiduciária deve ficar segregado e não integrar seu patrimônio geral. Por isso, o crédito cedido fiduciariamente pelo fiduciante não deve responder por dívidas do fiduciário, qualquer que seja a natureza.

O crédito não é transferido de forma a permitir que o fiduciário dê a ele a destinação que bem entender, pois está vinculado a uma obrigação de gestão, cuja prestação é a persecução dos interesses do fiduciante para a sua plena satisfação (recuperação do crédito). É na esfera patrimonial do fiduciante que serão sentidos os efeitos da administração feita pelo fiduciário.

É importante destacar que não se cria aqui um direito real do fiduciário, que não se encontra expressamente previsto em nosso sistema, em que pese a propriedade fiduciária ter sido fixada no art. 1.361 do Código Civil. Embora nesse dispositivo ela seja tratada como relação fiduciária de garantia, trata-se de mera decorrência das características que o direito real de propriedade (matriz) possui, como a elasticidade, capaz de derivar outros direitos que com ela mantêm relação umbilical e estrutural.

Ordinariamente, o direito de propriedade pode ser considerado absoluto e confere ao seu titular a universalidade máxima de poderes e de atribuições que lhe são inerentes. Afinal, de acordo com o art. 1.228

do Código Civil o "proprietário tem a faculdade de usar, gozar e dispor da coisa, e o direito de reavê-la do poder de quem quer que injustamente a possua ou detenha".

Também é possível admitir que, em determinadas circunstâncias, esse mesmo direito de propriedade pleno seja voluntariamente comprimido e sofra limitações, em decorrência de prerrogativas admitidas pelo titular e reconhecidas a outros sujeitos, simultaneamente sobrepostas à mesma coisa[24].

Dito de outra forma, observada a função social, ao proprietário é conferido o direito de utilizar a coisa de que é titular da forma que melhor lhe aprouver, inclusive limitando, em relação a si mesmo, a amplitude de certos atributos da propriedade em favor de alguém, como a disponibilidade, para alcançar determinado objetivo, mantendo consigo o direito de reaver a coisa de quem injustamente a possuir ou a detiver.

Desse modo, graças à elasticidade do direito real de propriedade é que se pode considerar que o conteúdo e os limites desse direito sejam moldados de forma a atender a uma determinada afetação, sem desnaturá-lo. No negócio de fidúcia, não há uma atribuição desse direito real aos interesses patrimoniais do fiduciário. Os interesses estão ligados à relação estabelecida no *pacto fiduciae* e dele não podem se desligar.

Nesse sentido é que entendemos a propriedade do fiduciário. Não estamos tratando aqui de um direito real novo, não tipificado em nosso ordenamento. Está-se diante do próprio direito de propriedade, fatiado, especialmente no tocante à faceta da disposição, atribuída ao fiduciário de forma limitada, temporária e vinculada a uma finalidade especificada no *pacto fiduciae*[25].

---

[24] Como ocorre com o usufruto e com a servidão. Porém, esses são direitos reais sobre coisas alheias já previstas em nosso sistema. O que ora se propõe tem em consideração o próprio direito de propriedade moldado aos interesses do seu titular em favor de determinado sujeito, cujas características não o desnaturam, mas apenas o limitam temporariamente. Se pudermos dividir o direito real de propriedade em atributos que o integram (usar, gozar, dispor e reivindicar), o negócio fiduciário de administração afeta especialmente a disponibilidade, que, em razão da transferência feita ao fiduciário, temporariamente é retirada da esfera do proprietário, mantendo-se, em contrapartida, o poder de reivindicação contra quem injustamente possuir ou detiver a coisa objeto da propriedade, que poderá ser, inclusive, o fiduciário, na hipótese de se desviar dos motivos originais que deram causa à sua propriedade resolúvel.

[25] Andre Figueiredo destaca que é preciso promover "a delimitação do núcleo definidor e irredutível do negócio fiduciário de gestão, assente no reconhecimento ao fiduciário de um direito tendencialmente pleno e exclusivo sobre um determinado bem – a denominada esfera de po-

Melhim Namem Chalhub salienta que o negócio fiduciário para administração está presente, por exemplo, nos fundos de investimentos, em que o fiduciante (titular do crédito) transfere ao fiduciário, devidamente autorizado pelas entidades reguladoras, recursos financeiros para que este faça "inversões em negócios que deem rentabilidade e promova sua administração, com a obrigação de o fiduciário restituir o capital e seus rendimentos" (CHALHUB, 2021, p. 48).

É no mesmo sentido que compreendemos a relação entre o credor (fiduciante) e o agente de garantia (fiduciário) no negócio fiduciário de administração de créditos e de garantias.

O texto expresso do § 5º do art. 853-A comporta crítica por limitar a segregação patrimonial ao produto da execução, pelo prazo de 180 dias, contados da data do seu recebimento. Com a cessão fiduciária em favor do agente de garantia, o crédito se torna objeto de negócio fiduciário de administração e deve desde logo ser segregado do patrimônio geral do agente, assim como os seus acessórios (a garantia e seu respectivo produto). A separação do objeto no negócio fiduciário é uma característica essencial desse negócio jurídico e representa proteção ao fiduciante contra os desvios do fiduciário e os possíveis ataques dos credores deste ao seu patrimônio.

Sem atribuir natureza fiduciária ao crédito transferido, caso o agente de garantia seja autorizado a receber pagamentos do devedor para futuro repasse ao credor, é possível que tais valores que passem pelas suas "contas" sejam tidos como seus e indesejavelmente se confundam com o seu patrimônio geral, respondendo por dívidas estranhas ao negócio de gestão de garantias.

Tratar o crédito como objeto da relação fiduciária atribui aos repasses feitos pelo devedor a mesma natureza fiduciária, pois nada mais é do que o próprio crédito sendo recomposto ao credor (fiduciante), aplicando-se as mesmas especificidades ora indicadas.

O aspecto temporal também merece atenção nesse contexto. A segregação patrimonial com prazo de validade não é adequada à

---

der fiduciário –, cujo exercício está, porém, finalisticamente subordinado à prossecução de um interesse alheio – o do fiduciante –, nos termos previstos no *pacto fiduciae*. Deste instrumento emerge para o beneficiário uma pretensão obrigacional que lhe assegura o aproveitamento das utilidades e benefícios inerentes ao bem fiduciário, assim como a respectiva (re)transmissão (ou, em alternativa, a entrega do produto da sua alienação), para si ou para terceiro, uma vez cessada a relação fiduciária" (FIGUEIREDO, 2020, p. 172).

Capítulo 3 • Lei Federal n. 10.406/2002 – Código Civil

segurança jurídica que se espera das relações fiduciárias. Aliás, o legislador nem sequer explica o que acontece com o produto da execução após o prazo de 180 dias previsto no § 5º.

Não nos parece correto que, ao fim do prazo de 180 dias, haja o risco de o produto da execução das garantias não ter uma destinação patrimonial específica de interesse do credor ou, o que seria ainda pior, passar, sem qualquer contraprestação, a integrar definitivamente o patrimônio geral do agente de garantia e, a partir daí, poder responder por suas dívidas alheias à relação fiduciária com o credor ou até mesmo ser objeto de outros negócios de interesse exclusivo do agente de garantia e estranhos à relação fiduciária.

O valor obtido com a execução das garantias no âmbito da relação com o agente é equivalente ao crédito, que, por sua vez, é o bem fiduciado no negócio jurídico de administração fiduciária de créditos e de garantias. Consequentemente, deve ser mantida a mesma natureza jurídica fiduciária com a coisa destinada e afetada a uma finalidade de interesse do fiduciante (credor), o que pressupõe mantê-la separada do patrimônio pessoal do agente de garantia (BAREA, p. 1.440). Assim, o crédito, os valores pagos pelo devedor e o produto da execução da garantia deverão, até o fim da relação fiduciária, manter-se apartados do patrimônio geral do agente de garantia, sob pena de se ferir a essência do negócio jurídico fiduciário e colocar em risco o patrimônio do fiduciante[26].

Ademais, o texto do art. 853-A também peca por não se referir expressamente à segregação patrimonial em matéria de incorporação da garantia ao patrimônio do agente, ainda que se possa inferir isso do seu espírito e da natureza do instituto em comento.

Quando se analisa a evolução do negócio fiduciário desde o direito romano até os dias atuais, percebe-se nitidamente a preocupação em proteger o fiduciante dos desmandos do fiduciário e em garantir a segregação patrimonial para que o objeto não sirva à satisfação de interesses particulares deste, que são estranhos à relação com o fiduciante. Não parece razoável retroceder à insegurança que existia nos primórdios desse instituto e que foi corrigida ao longo de séculos de estudos, aprimorando-se a segurança jurídica conferida ao fiduciante.

---

[26] Na proposta do art. 853-A do Código Civil falta um dispositivo específico para declarar separado o crédito do patrimônio geral do agente de garantia. Entretanto, se o produto da garantia, que é acessório, é separado, também o principal, que é o crédito, deverá sê-lo.

Note-se que os negócios fiduciários positivados em nosso sistema (típicos) preveem em suas estruturas a segregação do objeto fiduciado do patrimônio do fiduciário. É o que se depreende da alienação resolúvel dos arts. 1.361 do Código Civil e 22 da Lei Federal n. 9.514/97 e da estrutura da alienação fiduciária do art. 66-B da Lei Federal n. 4.728/65.

Merece lembrança, ainda, a previsão de exclusão dos créditos de titular de posição fiduciária dos efeitos da recuperação judicial (art. 49, § 3º, da Lei Federal n. 11.101/2005), que dialoga com a segregação de que aqui se fala.

Dito tudo isso, somos favoráveis a que se trate a relação entre credor e agente de garantia como um negócio jurídico fiduciário de administração, sendo o crédito cedido o seu objeto, o qual deverá permanecer segregado do patrimônio geral do agente de garantia, assim como tudo o que lhe diga respeito, até que ele seja integralmente retransmitido ao credor na forma do contrato (*pacto fiduciae*), sem qualquer limitação temporal.

Para que a relação fiduciária de administração de créditos e de garantias possa ser de conhecimento de terceiros, é imprescindível promover a inscrição do respectivo contrato no registro de títulos e documentos da Comarca da sede do agente de garantia[27]. Isso dará publicidade *erga omnes* ao negócio, que passará a produzir efeitos externos à relação contratual e sujeitará terceiros à observância do quanto estabelecido pelas partes no contrato (*pacto fiduciae*), especialmente no que se refere à natureza fiduciária da titularidade do crédito pelo fiduciário, no que se incluem suas limitações, restrições e a obrigação de restituição ao fiduciante, de modo a bloquear investidas de eventuais credores do agente de garantia ou mesmo atos de inadimplemento por parte deste.

Nos casos em que o fiduciário se desviar do *pacto fiduciae* e der ao patrimônio fiduciado destino diverso daquele que foi convencionado, é preciso proteger os interesses do fiduciante que lhe confiou a administração. Na medida do possível, deve-se assegurar ao fiduciante o cumprimento específico da obrigação inadimplida; na sua impossibilidade, ao menos, devem ser assegurados perdas e danos, inclusive em face do

---

[27] Código Civil, art. 221, e Lei Federal n. 6.015/73, art. 129, n. 10.

Capítulo 3 • Lei Federal n. 10.406/2002 – Código Civil

terceiro conhecedor da relação fiduciária que agiu deliberadamente para frustrá-la em conjunto com o fiduciário.

11. Dos deveres do agente de garantia como fiduciário

Da relação fiduciária que se estabelece entre o credor (fiduciante) e o agente de garantia (fiduciário) nascem deveres para ambos.

Ao fiduciante incumbe a transferência dos bens ou dos direitos fiduciados e o pagamento dos honorários contratados com o fiduciário, bem como das despesas decorrentes da execução do contrato no seu interesse.

Já ao fiduciário cabe realizar a gestão necessária e vinculada para alcançar a finalidade estabelecida no contrato (*pacto fiduciae*), o dever de segregar e de manter segregados os bens ou direitos fiduciados de seu patrimônio geral durante todo o tempo do contrato, a obrigação de retransmissão ao fiduciante dos bens ou dos direitos fiduciados, além dos deveres de lealdade, de cuidado, de guarda e de conservação.

Os deveres de cooperação e de informação, destaca Armindo Gideão Kunjiquisse Jelembi,

> (...) são deveres que dizem respeito aos dois sujeitos da relação fiduciária, porque a cooperação compreende a colaboração de ambos para alcançar os fins acordados e os de informação dizem respeito a comunicação de tudo que diga respeito à quantidade e qualidade dos bens e à natureza do fiduciário (JELEMBI, 2017, p. 197).

O mesmo autor salienta que a atuação do fiduciário está submetida a deveres que servem como parâmetro para a delimitação de sua liberdade de atuação, de modo que eles atuam como verdadeiros freios do conteúdo do poder de fruição e de disposição do objeto fiduciado (JELEMBI, 2017, p. 188).

O dever de lealdade é um elemento essencial para a concepção fiduciária, pois resulta da robusta relação de confiança que o fiduciante estabelece com o fiduciário, em decorrência das qualidades que este demonstra possuir para desempenhar as suas funções. Nessas condições, o fiduciário deverá atuar de acordo com o que for correto e previsível no que se refere aos melhores interesses do fiduciante; cumprir voluntária e tempestivamente com as obrigações assumidas no contrato (*pacto fiduciae*); zelar pelo patrimônio fiduciado, para que não se perca nem se deteriore (e, se possível, dê frutos). Pode-se dizer que a lealdade é um dever fiduciário por excelência.

A confiança que caracteriza o negócio fiduciário não deve deixar em segundo plano a proteção legal e contratual que o fiduciante tem para fazer valer seus direitos na relação fiduciária, especialmente para fins de recuperação do bem ou direito transmitido fiduciariamente. Na realidade, a confiança atrelada a deveres legais e contratuais deve ser vista como um *plus*, e não como um *minus*.

O fiduciário deve observar também o dever de cuidado na administração do patrimônio fiduciado. Suas decisões devem ser razoáveis e cuidadosas no sentido de promover a sua conservação; suas ações devem ser diligentes como as de um gestor criterioso, tanto em relação às disposições legais quanto àquelas do contrato (*pacto fiduciae*).

Por fim, o fiduciante pode exigir prestação de contas do fiduciário durante a vigência do *pacto fiduciae*, para avaliar o cumprimento dos deveres de guarda e de conservação. Esses deveres persistem até a restituição do bem fiduciado ao fiduciante, que deverá ocorrer no mesmo estado em que o fiduciário recebeu ou em condições melhores. Se o bem fiduciado se deteriorar ou se perder por culpa do fiduciário, ele deverá indenizar o fiduciante.

12. Da atuação do agente de garantia (parte 2)

Caso determinado ato a ser praticado esteja fora das previsões legais e contratuais (*pacto fiduciae*), o agente de garantia deverá agir com máxima lealdade, em conformidade com o objetivo de sua contratação e com vistas ao melhor resultado para o credor (fiduciante), observados os deveres fiduciários. O agente de garantia responderá perante o credor pelos prejuízos que sua má administração causar.

O agente de garantia deve participar da formação do título que instrumentalizar a garantia real imobiliária, na condição de fiduciário (administrador) do credor (fiduciante). Tal condição deverá ser refletida no conteúdo do registro da garantia real imobiliária, tanto para fins de publicidade quanto para fins de viabilização dos atos subsequentes, quer em caso de pagamento da dívida, quer em caso de inadimplemento, garantindo, inclusive, a continuidade registrária imobiliária.

Aliás, entendemos que a informação da relação fiduciária entre o credor e o agente de garantia deverá ser objeto de uma averbação específica na matrícula do imóvel da garantia real, reforçando a publicidade de que se falou acima.

Capítulo 3 • Lei Federal n. 10.406/2002 – Código Civil

Nesse cenário, o bem fiduciado (o crédito) estará na titularidade fiduciária do agente de garantia de forma temporária e vinculada à finalidade específica que é a satisfação do crédito, o que lhe capacita para a prática de todos os atos de administração, inclusive os de constituição e de execução da garantia real, porque, ainda que aja em nome próprio, atua como administrador fiduciário no interesse do credor (fiduciante).

É como já acontece com o fundo de investimento imobiliário regulado pela Lei Federal n. 8.668/93, em que os imóveis integrantes do fundo são mantidos sob a propriedade fiduciária da administradora, segregado do patrimônio geral desta. Para efeito de publicidade dessa relação fiduciária, a referida lei determina que o título aquisitivo deverá conter as disposições legais que tratam da segregação patrimonial do imóvel adquirido pelo fundo (art. 7º, I a VI e § 1º), as quais deverão ser objeto de averbação na respectiva matrícula (art. 7º, § 2º).

No fundo de investimento imobiliário, o fiduciário administrará os bens adquiridos em regime de fidúcia e deles disporá somente nas formas e nas condições estabelecidas no regulamento do fundo ou em assembleia de quotistas, respondendo em caso de má gestão, gestão temerária, conflito de interesses e descumprimento do regulamento do fundo ou de determinações dos quotistas (art. 8º), numa relação muito parecida com a que se estabelece entre o credor e o agente de garantia.

Com a satisfação integral da dívida, o agente de garantia deverá transferir ao credor todos os valores e direitos recebidos, outorgando quitação ao devedor. Isso também tende a extinguir a relação fiduciária estabelecida entre o credor e o agente de garantia, não obstante a subsistência da obrigação de prestação de contas.

Na situação de inadimplemento do devedor do crédito, o agente de garantia terá o dever de tomar todas as medidas necessárias para a execução extrajudicial ou judicial das garantias reais constituídas (mobiliárias e/ou imobiliárias).

Caso haja licitantes vencedores nos leilões realizados na execução da garantia real imobiliária e a dívida seja integralmente satisfeita, o agente de garantia entregará o produto da venda para o credor, em substituição ao crédito cedido fiduciariamente, e o eventual saldo positivo ao devedor, fornecendo, ainda, o termo de quitação que servirá para averbação do cancelamento da garantia real na matrícula do imóvel.

Recebido o produto resultante da execução das garantias, o agente terá o prazo de dez dias úteis para efetuar o respectivo pagamento ao respectivo credor (fiduciante).

Na hipótese de a venda do imóvel em leilão extrajudicial não ser suficiente para quitar a integralidade da dívida, o agente de garantia poderá prosseguir na execução judicial do saldo devedor.

Já na circunstância de os leilões serem negativos, tanto na hipoteca quanto na propriedade fiduciária, é preciso praticar todos os atos necessários para que o imóvel se incorpore, em última análise, ao patrimônio do credor.

Caso tal incorporação seja suficiente para o pagamento integral da dívida, extinguem-se as relações fiduciárias. Se houver saldo remanescente da dívida, o agente de garantia deverá tomar as medidas necessárias para a cobrança do devedor, subsistindo a relação fiduciária entre o credor e o agente de garantia até o pagamento integral, momento em que há a devolução total do crédito cedido fiduciariamente.

13. Da escolha e da substituição do agente de garantia

O agente de garantia pode ser um dos próprios credores ou um terceiro que apresente capacidade técnica reconhecida para desenvolver as suas atividades (§ 3º).

A substituição do agente de garantia poderá ocorrer a qualquer tempo, por decisão do credor único ou dos titulares que representem, em assembleia, a maioria simples dos créditos garantidos (§ 3º). Os requisitos para convocação e instalação de assembleia nessas circunstâncias devem ser previstos no ato de designação ou de contratação do agente de garantia (§ 4º).

A decisão de substituição do agente de garantia será eficaz somente após se tornar pública, nos mesmos moldes da constituição da garantia, o que passa pela prática de atos junto ao Registro de Títulos e Documentos da sede do agente de garantia. Tal decisão também deverá ser averbada[28] na matrícula do imóvel objeto da garantia real para fins de publicidade.

---

[28] Lei Federal n. 6.015/73, art. 167, II, n. 5.

Capítulo 3 • Lei Federal n. 10.406/2002 – Código Civil 75

Tanto a destituição quanto a substituição do agente de garantia deverão ser formalmente noticiadas ao devedor, para que ele não corra o risco de, por exemplo, efetuar pagamentos a quem não mais atue fiduciariamente para o credor.

14. Considerações finais

A relação entre o credor e o agente de garantia deve ser compreendida como um negócio jurídico fiduciário de administração de créditos e de garantias, figura que pode ter traços parecidos com os de um mandato sem representação (por exemplo, em razão da atuação em nome próprio e não por representação), mas que com ele não se confunde (por exemplo, em razão da segregação patrimonial do bem fiduciado).

A disciplina da figura do agente de garantia nesses moldes não deve interditar o espaço para a existência da figura do mandato **com representação**, a fim de que o credor, se assim preferir, confira os poderes necessários para que alguém aja ostensivamente em seu nome (representado/mandante), fazendo com que os terceiros vinculem-se diretamente ao representado (credor), e não ao representante (agente de garantia).

O mandato **com representação** mantém o dever do mandatário agir com lealdade em relação ao mandante; resolve a questão formal da continuidade registrária, pois a garantia real será formalizada e constituída em nome do credor (mandante); não gera confusões patrimoniais entre bens do mandatário e bens de interesse do mandante; e, na situação de incorporação do imóvel em pagamento da dívida inadimplida, este já é transferido diretamente ao credor (mandante), evitando-se a dupla transferência característica das situações em que há um agente de garantia atuando em nome próprio.

Enfim, a ideia é a de que o credor conte com um leque de opções em matéria de gestão de garantia e possa escolher a melhor forma de gerir seus próprios interesses nesse contexto, quer diretamente, quer por meio de um representante nos tradicionais moldes do mandato, quer ainda por meio de um mandatário sem representação ou de um fiduciário no contexto de um negócio de administração de créditos e de garantias, sabendo exatamente das vantagens e das desvantagens inerentes a cada uma dessas opções.

JURISPRUDÊNCIA

"Recuperação judicial. Decisão que indeferiu requerimento de fundo credor para excutir objeto de alienação fiduciária em garantia celebrada com a recuperanda. Agravo de instrumento do credor.

Contrato que instituiu regime de garantias com ordem prioritária de excussão. Alienação fiduciária em garantia de imóvel da recuperanda que figurou como a última das garantias. Esvaziamento das garantias prioritárias (direitos creditórios e participações societárias) comprovado.

Imóvel alienado em fidúcia para agente de garantias, terceiro, não para o credor. Agente que havia sido contratado pelas partes para administrar e excutir garantias em caso de inadimplemento e que nunca foi beneficiário da garantia, apesar de, formalmente, figurar como tal. Prova de que o credor é o beneficiário.

O princípio da continuidade registral não pode ser óbice à efetiva excussão da garantia por seu verdadeiro titular. Precedente da 2ª Câmara Reservada de Direito Empresarial deste Tribunal.

Reforma da decisão recorrida. Agravo de instrumento a que se dá provimento, com determinações, até mesmo no sentido de conciliar o que se delibera com plano de recuperação há pouco homologado, que é objeto de recurso de outro credor (AI 2130581-06.2022.8.26.0000)."

(TJSP, 1ª Câm. Reservada de Direito Empresarial, AgI n. 2063842-85.2021.8.26.0000).

Art. 1.477	
Anterior	**Atual**
(...)	(...)
	§ 2º O inadimplemento da obrigação garantida por hipoteca faculta ao credor declarar vencidas as demais obrigações de que for titular garantidas pelo mesmo imóvel.

COMENTÁRIOS

O *caput* desse artigo trata da ordem de execução no caso de hipotecas subsequentemente constituídas. Exceto em caso de insolvência do devedor hipotecário, o credor de hipoteca de segundo grau, ainda que esta esteja vencida, não poderá executar o imóvel antes de vencida a primeira.

Capítulo 3 • Lei Federal n. 10.406/2002 – Código Civil 77

Washington de Barros Monteiro explica que o "credor de segunda hipoteca tem apenas como garantia a parcela do valor do imóvel que resta depois de paga a primeira; tem ele de contentar-se com a sobra, depois de resgatada a primeira obrigação. Seu direito cinge-se, portanto, só e só, ao que remanesce da primeira" (MONTEIRO, 2012, p. 677).

Apesar das referências às hipotecas de primeiro e de segundo graus, a regra deve ser aplicada para todas aquelas constituídas em sequência, pois o termo primeiro não deve ser tomado na sua literalidade; trata-se aqui mais de referência genérica ao tempo da sua constituição no registro, ou seja, à anterioridade.

Em geral, as obrigações nascem com tempo certo para serem cumpridas. Não fixado esse tempo certo, o credor poderá exigir o pagamento da prestação imediatamente (art. 331 do CC). Para os créditos garantidos por hipoteca, todavia, há necessidade legal da previsão do prazo para o pagamento (CC, art. 1.424, II).

O § 2º desse art. 1.477 introduziu a possibilidade de o credor, caso tenha outras obrigações garantidas pelo mesmo imóvel, considerá-las vencidas antecipadamente em caso de inadimplemento daquela que é garantida pela hipoteca.

Em outras palavras, caso a obrigação garantida pela hipoteca seja descumprida, o credor hipotecário poderá declarar prontamente exigíveis as demais obrigações de que for titular e que estejam garantidas pelo mesmo imóvel.

Assim, se um determinado crédito for garantido por hipoteca e um outro por propriedade fiduciária, o credor poderá, em caso de inadimplemento do crédito garantido por hipoteca, declarar vencida também a obrigação garantida pela propriedade fiduciária, mesmo que não se tenha vencido o prazo para o pagamento desta.

A faculdade de declaração de vencimento antecipado conferida ao credor por esse dispositivo legal tem dois requisitos que devem ser observados cumulativamente.

O primeiro é que o credor somente poderá declarar o vencimento antecipado das obrigações de que for titular. Caso existam outras obrigações cujo crédito seja titulado por credores diversos, por óbvio, não poderá considerá-las vencidas.

O segundo é que caberá o vencimento antecipado apenas para as obrigações que estejam garantidas pelo mesmo imóvel. Na hipótese de haver outras obrigações cujas garantias não tenham o imóvel como

78   *Marco Legal das Garantias*

objeto, não poderão ser declaradas vencidas antecipadamente, salvo se disposto diversamente em contrato.

Assim, desde que haja singularidade de credor com hipotecas de diferentes graus ou um só credor com hipoteca estendida a diversas obrigações, o credor poderá, em caso de inadimplemento de uma delas, considerar as demais vencidas antes do tempo.

Na medida em que a faculdade do vencimento antecipado decorre do texto da lei, não há necessidade de sua previsão em contrato.

Para finalizar, o § 2º ora comentado deve ser considerado conjuntamente com as novas regras de extensão da hipoteca tratadas pelo art. 1.487-A adiante comentado.

Art. 1.478	
Anterior	**Atual**
Se o devedor da obrigação garantida pela primeira hipoteca não se oferecer, no vencimento, para pagá-la, o credor da segunda pode promover-lhe a extinção, consignando a importância e citando o primeiro credor para recebê-la e o devedor para pagá-la; se este não pagar, o segundo credor, efetuando o pagamento, se sub-rogará nos direitos da hipoteca anterior, sem prejuízo dos que lhe competirem contra o devedor comum.	O credor hipotecário que efetuar o pagamento, a qualquer tempo, das dívidas garantidas pelas hipotecas anteriores sub-rogar-se-á nos seus direitos, sem prejuízo dos que lhe competirem contra o devedor comum.
(...)	(...)

COMENTÁRIOS

A nova redação desse artigo simplifica a anterior, ao prever que qualquer credor hipotecário poderá pagar dívidas garantidas por hipotecas anteriores às suas. Por anteriores entende-se as que foram registradas primeiro e que possuem um grau menor.

O novo dispositivo permite que esse pagamento seja feito a qualquer tempo, admitindo-o, portanto, para as obrigações ainda não vencidas (o texto anterior admitia tal pagamento apenas no vencimento da obrigação).

É preciso distinguir as situações de pagamento posterior e pagamento anterior ao vencimento. Na primeira, estará caracterizada a remição pelo credor hipotecário que efetuou o pagamento. A remição é

Capítulo 3 • Lei Federal n. 10.406/2002 – Código Civil

um procedimento que obriga o credor anterior a aceitar o pagamento. O pressuposto fático da remição é já estar vencida a obrigação garantida por hipoteca anterior. O credor que remir a hipoteca sub-rogar-se-á nos respectivos direitos e assumirá, em relação aos demais credores, a posição privilegiada daquele para o qual efetuou o pagamento, sem perder a sua própria. A remição não causará a extinção da obrigação e não promoverá a liberação do imóvel da hipoteca; apenas afastará a concorrência do credor anterior para quem o pagamento foi feito (PEREIRA, 2017, p. 344).

Já para a situação em que a quitação ocorrer antes do vencimento da obrigação, deve haver um acordo entre os credores (anterior e posterior). E não haverá aqui remição, mas pagamento com sub-rogação dos direitos da hipoteca anterior naquele que efetuar a sua liquidação.

Em ambas as hipóteses, o devedor continuará obrigado, mas perante o credor sub-rogado que assume a posição do credor que recebeu o pagamento, sem prejuízo dos direitos que lhe cabem pela sua hipoteca.

Art. 1.487-A	
Anterior	**Atual**
	A hipoteca poderá, por requerimento do proprietário, ser posteriormente estendida para garantir novas obrigações em favor do mesmo credor, mantidos o registro e a publicidade originais, mas respeitada, em relação à extensão, a prioridade de direitos contraditórios ingressos na matrícula do imóvel.
	§ 1º A extensão da hipoteca não poderá exceder ao prazo e ao valor máximo garantido constantes da especialização da garantia original.
	§ 2º A extensão da hipoteca será objeto de averbação subsequente na matrícula do imóvel, assegurada a preferência creditória em favor da:

	I – obrigação inicial, em relação às obrigações alcançadas pela extensão da hipoteca;
	II – obrigação mais antiga, considerando-se o tempo da averbação, no caso de mais de uma extensão de hipoteca.
	§ 3º Na hipótese de superveniente multiplicidade de credores garantidos pela mesma hipoteca estendida, apenas o credor titular do crédito mais prioritário, conforme estabelecido no § 2º deste artigo, poderá promover a execução judicial ou extrajudicial da garantia, exceto se convencionado de modo diverso por todos os credores.

COMENTÁRIOS

Nas situações em que o valor do financiamento for inferior ao valor do objeto da garantia hipotecária (imóvel), havendo, portanto, saldo credor em favor do devedor em relação à garantia outorgada, desde que haja um requerimento expresso e escrito do proprietário, a hipoteca já constituída poderá ser estendida para garantir novas obrigações em favor do mesmo credor, mantidos o registro e a publicidade originais, mas respeitadas, em relação à extensão, a prioridade de direitos contraditórios já ingressos na matrícula do imóvel (depois da hipoteca principal e antes da averbação de "recarregamento").

A intenção do legislador foi a de permitir ao proprietário do imóvel hipotecado a possibilidade de obter novos empréstimos perante o mesmo credor tendo como base de garantia o mesmo imóvel. Busca-se capturar o que o mercado financeiro denomina "capital morto", que é a diferença entre o valor atribuído ao imóvel hipotecado e o valor da obrigação garantida. Por exemplo, se o imóvel hipotecado valer R$ 1.000.000,00 e a obrigação garantida for de R$ 500.000,00, o devedor poderá estender a hipoteca original em mais R$ 500.000,00.

O requerimento de extensão nessas circunstâncias deve ser formulado exclusivamente pelo proprietário do imóvel hipotecado. Vale lembrar que existem situações em que o devedor e o garantidor não se confundem; por isso, é somente o proprietário (que pode ou não ser o devedor) quem pode consentir com o agravamento do seu imóvel.

Ademais, o mencionado requerimento deve ser escrito, mas não necessita ser instrumentalizado na forma pública, pois não cria direito real. Trata-se de simples anúncio de extensão da hipoteca já constituída com observância do art. 108 do Código Civil (LOUREIRO, 2024, p. 1.503).

Nesse contexto, deve ser observada a prioridade do registro original. Por exemplo, caso após o registro da hipoteca ingresse na matrícula do imóvel uma hipoteca de segundo grau e ulteriormente um recarregamento da hipoteca anteriormente já registrada, a hipoteca de segundo grau terá prioridade em relação à hipoteca estendida, mas não em relação à hipoteca original.

Nos termos do art. 1.420 do Código Civil, somente quem pode alienar o imóvel pode hipotecá-lo. Assim, se o imóvel fica indisponível, por exemplo, nos termos do art. 53, § 1º, da Lei Federal n. 8.212/91 (execução judicial ativa da União, suas autarquias ou fundações públicas), não caberão ulteriores recarregamentos, ainda que com lastro em hipoteca anterior à indisponibilidade e mesmo que haja lastro do imóvel em relação à nova dívida pretendida. Se a disponibilidade do imóvel está obstada por determinação judicial, somente com o cancelamento dela é que o seu titular recuperará o atributo de disposição e poderá livremente onerá-lo ou aliená-lo.

Em caso de recarregamento, o registro da hipoteca original será mantido e respeitado. Quanto às demais circunstâncias judiciais e/ou administrativas que surgirem posteriormente à inscrição da hipoteca original, como a penhora, o sequestro, o arresto ou a indisponibilidade, estas receberão seus respectivos números de ordens na escrituração da matrícula, que lhes garantirá a correspondente prioridade.

Assim, é possível estender o valor da hipoteca original se houver uma constrição na matrícula do imóvel que não afete a sua disponibilidade, devendo o credor, para o recarregamento, descontar o valor da constrição do saldo que o imóvel será capaz de garantir.

A inscrição da hipoteca original permanecerá com todos os direitos e privilégios garantidos com a posição que obtiver na sequência dos atos praticados na respectiva matrícula. Como consequência da inscrição, depois do registro da hipoteca todos os demais atos deverão respeitar a sua prioridade. Da mesma forma, todos os direitos constituídos registrariamente antes da inscrição da hipoteca original e que com ela sejam contraditórios, terão prioridade em relação a ela (hipoteca).

A hipoteca deve ser especializada para que possa ter eficácia (art. 1.424 do CC). Essa especialização refere-se à obrigação legal de as partes fazerem constar no título constitutivo hipotecário: (i) o valor do crédito, sua estimação, ou valor máximo; (ii) o prazo fixado para pagamento; (iii) a taxa de juros, se houver; e (iv) o bem dado em garantia com as suas especificações.

A previsão de extensão da hipoteca encontra-se estabelecida no § 1º desse novo art. 1.487-A. Nele há uma restrição temporal que entendemos coerente com o sistema que se pretende criar, ou seja, se o credor e o devedor desejarem estender o valor garantido, deverão respeitar o prazo e o valor máximo inicialmente previstos para a hipoteca original para que outros credores não sejam prejudicados. Caso, porém, desejem superar o prazo e o valor máximo estabelecidos na hipoteca inicial, deverão realizar uma nova negociação para reajustar sua obrigação garantida e ampliá-la para além dos limites inicialmente contratados, podendo até, em certos casos, caracterizar novação (art. 360 do CC).

Inscrita a hipoteca original por meio de registro na respectiva matrícula do imóvel, suas subsequentes extensões ou recarregamentos serão feitos por meio de averbações (§ 2º) (Lei Federal n. 6.015/73, art. 167, II, n. 37). Para que as novas inscrições de extensões ou recarregamentos sejam feitas, o registrador imobiliário avaliará a existência de outros atos inscritos após a hipoteca original e se tais atos podem ser com eles (extensões ou recarregamentos) considerados contraditórios a ponto de impedirem as averbações (como no exemplo da penhora e indisponibilidade decorrente de execução fiscal federal).

Em relação às obrigações objeto de extensão da hipoteca, deve-se assegurar a preferência creditória da obrigação inicial, ou seja, a prioridade será a da constituição do crédito original. Em outras palavras, a relação jurídica obrigacional garantida por hipoteca que foi inscrita primeiro é que terá prioridade em relação às demais obrigações que geraram a extensão da hipoteca. Em qualquer disputa que existir sobre quem terá preferência a obrigação que surgiu primeiro no tempo é a que vencerá (incisos I e II).

É preciso fazer uma observação ao texto do *caput* do art. 1.487-A. A possibilidade de extensão do vínculo real de hipoteca original para garantir outras tantas obrigações que o imóvel seja capaz de suportar deve se dar, em regra, em favor do mesmo credor da hipoteca originária. No entanto, o § 3º estipula a possibilidade de haver "superveniente multiplicidade de credores garantidos pela mesma hipoteca estendida (...)". Isso sugere uma aparente contradição com a regra contida no *caput*. Caberia então a pergunta: de onde viria a multiplicidade de credores garantidos pela mesma hipoteca? Respondemos: de cessões de crédito que, como regra geral, fazem com que o acessório (a garantia) acompanhe (o principal) (arts. 287 e 289 do CC) ou de extensões de hipotecas de graus superiores (respeitada a prioridade das anteriores).

De todo modo, caracterizada a multiplicidade de credores garantidos pela mesma hipoteca estendida, apenas o credor titular do crédito mais prioritário, conforme estabelecido no § 2º, poderá promover a execução judicial ou extrajudicial da garantia, exceto se convencionado de modo diverso por todos os credores.

CAPÍTULO 4
Lei Federal n. 13.476/2017

A Lei Federal n. 13.476/2017 passa a vigorar com as seguintes alterações:

Art. 9º	
Anterior	**Atual**
Se, após a excussão das garantias constituídas no instrumento de abertura de limite de crédito, o produto resultante não bastar para quitação da dívida decorrente das operações financeiras derivadas, acrescida das despesas de cobrança, judicial e extrajudicial, o tomador e os prestadores de garantia pessoal continuarão obrigados pelo saldo devedor remanescente, não se aplicando, quando se tratar de alienação fiduciária de imóvel, o disposto nos §§ 5º e 6º do art. 27 da Lei n. 9.514, de 20 de novembro de 1997.	Se, após a excussão das garantias constituídas no instrumento de abertura de limite de crédito, o produto resultante não bastar para a quitação da dívida decorrente das operações financeiras derivadas, acrescida das despesas de cobrança, judicial e extrajudicial, o tomador e os prestadores de garantia pessoal continuarão obrigados pelo saldo devedor remanescente, exceto se houver disposição em sentido contrário na legislação especial aplicável.

COMENTÁRIOS

A Lei Federal n. 13.476/2017 trata da contratação da abertura de limite de crédito no âmbito do sistema financeiro nacional, das operações financeiras daí derivadas e da abrangência de suas garantias (art. 3º).

Na hipótese de o produto resultante da execução das garantias constituídas no instrumento de abertura de limite de crédito não ser suficiente para a total quitação da dívida decorrente das operações financeiras derivadas, acrescidas das despesas de cobrança, judicial e extrajudicial, o art. 9º determina que o tomador e o prestador de garantia pessoal continuarão obrigados ao pagamento integral do saldo remanescente, exceto se houver disposição contrária na legislação especial.

Para o que estamos tratando aqui, interessam-nos as disposições relativas ao direito real de hipoteca e à propriedade fiduciária imobiliária.

No que se refere à garantia real hipotecária, existe uma previsão expressa no art. 1.430 do Código Civil no sentido de que, se o produto da excussão não for suficiente para o pagamento total da dívida e das despesas judiciais, o devedor continuará pessoalmente obrigado pelo saldo devedor.

Em relação à propriedade fiduciária, é preciso fazer uma distinção. Para a generalidade dos casos, são aplicadas as disposições do art. 27 da Lei Federal n. 9.514/97, com destaque para o seu § 5º, no sentido de que, se o produto do leilão extrajudicial não for suficiente para o pagamento integral da dívida, o devedor continuará obrigado pelo pagamento integral do saldo remanescente, o qual poderá ser cobrado por meio de ação de execução e, se for o caso, excussão das demais garantias da dívida.

No entanto, para as especiais situações de propriedade fiduciária atrelada a financiamentos para aquisição ou construção de imóvel residencial do devedor, o § 4º do art. 26-A da Lei Federal n. 9.514/97 prevê a extinção do saldo devedor remanescente. Logo, aqui o devedor não continuará obrigado pessoalmente pelo saldo devedor porventura existente.

Em matéria de garantia real hipotecária ou fiduciária outorgada por terceiros, não se cogita de responsabilidade pessoal destes pelo saldo devedor remanescente, pois o terceiro garantidor não é devedor na relação jurídica obrigacional; ele apenas vincula um imóvel de sua propriedade em garantia real à prestação do devedor principal, nos estritos limites desse ativo imobiliário. Nada mais, nada menos do que isso.

Para a cobrança do saldo remanescente do devedor, o credor deve lançar mão da ação de execução, nos termos dos arts. 771 e seguintes do Código de Processo Civil.

Art. 9º-A

Fica permitida a extensão da alienação fiduciária de coisa imóvel, pela qual a propriedade fiduciária já constituída possa ser utilizada como garantia de operações de crédito novas e autônomas de qualquer natureza, desde que:

I – sejam contratadas as operações com o credor titular da propriedade fiduciária; e

II – inexista obrigação contratada com credor diverso garantida pelo mesmo imóvel, inclusive na forma prevista no § 3º do art. 22 da Lei n. 9.514, de 20 de novembro de 1997.

§ 1º A extensão da alienação fiduciária de que trata o *caput* deste artigo somente poderá ser contratada, por pessoa física ou jurídica, no âmbito do Sistema Financeiro Nacional e nas operações com Empresas Simples de Crédito.

> § 2º As operações de crédito garantidas pela mesma alienação fiduciária, na forma prevista no *caput* deste artigo, apenas poderão ser transferidas conjuntamente, a qualquer título, preservada a unicidade do credor.
>
> § 3º Ficam permitidas a extensão da alienação fiduciária e a transferência da operação ou do título de crédito para instituição financeira diversa, desde que a instituição credora da alienação fiduciária estendida ou adquirente do crédito, conforme o caso, seja:
>
> I – integrante do mesmo sistema de crédito cooperativo da instituição financeira credora da operação original; e
>
> II – garantidora fidejussória da operação de crédito original.
>
> § 4º A participação no mesmo sistema de crédito cooperativo e a existência da garantia fidejussória previstas no § 3º deste artigo serão atestadas por meio de declaração no título de extensão da alienação fiduciária.

COMENTÁRIOS

Esse novo dispositivo possibilita que a propriedade fiduciária já formalmente constituída seja ampliada para garantir novos créditos. Evidentemente que essa extensão da propriedade fiduciária somente poderá acontecer se o imóvel tiver um valor superior ao valor da dívida já garantida.

Não se trata de uma propriedade fiduciária em graus, porque depois de constituída a primeira garantia fiduciária o fiduciante não detém mais a disponibilidade do imóvel para a constituição de novas propriedades fiduciárias imobiliárias. Mas os direitos que lhe decorrem da relação fiduciária imobiliária permitem-no alargar a dívida originalmente constituída, com a concessão de mais crédito dentro da mesma garantia fiduciária, situação em que a capacidade do imóvel desempenha papel fundamental nas decisões do fiduciário e do fiduciante.

Como exemplo, um proprietário de um determinado imóvel que vale R$ 1.000.000,00 ajusta com um fiduciário um empréstimo inicial de apenas R $500.000,00. No âmbito dessa operação de crédito, constitui-se propriedade fiduciária primária para fins de garantia do mútuo, que, todavia, fica aquém do valor do bem que o lastreia. À luz da potência econômica do imóvel, o fiduciante poderá solicitar outros novos empréstimos, inclusive autônomos entre si e para finalidades diversas, até o montante adicional de mais R$ 500.000,00.

Isso significa dizer que o fiduciante pode, para garantir obrigações autônomas entre si e de diversas naturezas (dar, fazer, não fazer), obter novos créditos até que a soma dos seus valores chegue ao limite do valor total atribuído ao imóvel na alienação fiduciária inicial.

Para que essa extensão da propriedade fiduciária aconteça, devem ser observados os seguintes e cumulativos requisitos: (i) contratação com o mesmo credor da garantia fiduciária já constituída (inciso I) e (ii) inexistência de outras obrigações, sobre o mesmo imóvel, contratadas com credores diversos, ainda que na hipótese de propriedade superveniente prevista no § 3º do art. 22 da Lei Federal n. 9.514/97 (inciso II).

A previsão do inciso II revela-se em alguma medida ociosa, pois o fiduciante, após a constituição da propriedade fiduciária original, não conseguirá constituir voluntariamente outras garantias reais sobre o mesmo imóvel, porque não possui disponibilidade sobre ele. Todavia, é possível enxergar alguma pertinência nesse dispositivo para fins de bloqueio da extensão da propriedade fiduciária quando o imóvel for tornado indisponível, por exemplo, em decorrência de penhora em sede de execução fiscal federal, nos termos do art. 53, § 1º, da Lei Federal n. 8.212/91.

O § 1º estabelece que a extensão da propriedade fiduciária somente poderá ser contratada no âmbito do Sistema Financeiro Nacional (SFN) (Lei Federal n. 4.595/64) e nas operações com Empresas Simples de Crédito.

O SFN é composto por entidades e instituições financeiras regulamentadas e supervisionadas por órgãos como o Banco Central do Brasil (Bacen), a Comissão de Valores Mobiliários (CVM), o Conselho Monetário Nacional (CMN), entre outros. Agentes particulares que não integram o SFN não podem contratar a extensão da alienação fiduciária.

Por sua vez, o § 2º determina que operações de crédito garantidas pela mesma alienação fiduciária não podem ser transferidas parcialmente. Isso abrange tanto a alienação fiduciária inicial quanto a estendida. Nessas condições, as transferências de operações de crédito são possíveis, a qualquer título, mas têm que ser efetivadas conjuntamente, preservada a unicidade do credor. Logo, não podem acontecer transferências de operações de créditos parciais para mais de um credor.

Caso haja cessões dos créditos garantidos pela propriedade fiduciária, tanto a inicial quanto a estendida seguem juntamente com o crédito para o cedido, nos termos do art. 287 do Código Civil, salvo disposição em contrário no contrato de cessão.

Hipótese excepcional de transferência da operação creditícia e da extensão da alienação fiduciária envolvendo pessoa diversa do credor fiduciário original é prevista no § 3º, desde que a instituição financeira diversa (i) integre o mesmo sistema de crédito cooperativo do credor original; e (ii) seja garantidora fidejussória da operação de crédito original. Para a verificação desses requisitos, aceitam-se simples declarações dos interessados, a serem inseridas, por escrito, no título de extensão da propriedade fiduciária ou no de transferência do crédito, de acordo com o § 4º.

Art. 9º-B

A extensão da alienação fiduciária de coisa imóvel deverá ser averbada no cartório de registro de imóveis competente, por meio da apresentação do título correspondente, ordenada em prioridade das obrigações garantidas, após a primeira, pelo tempo da averbação.

§ 1º O título de extensão da alienação fiduciária deverá conter:

I - o valor principal da nova operação de crédito;

II - a taxa de juros e os encargos incidentes;

III - o prazo e as condições de reposição do empréstimo ou do crédito do credor fiduciário;

IV - a cláusula com a previsão de que o inadimplemento e a ausência de purgação da mora de que tratam os arts. 26 e 26-A da Lei n. 9.514, de 20 de novembro de 1997, em relação a quaisquer das operações de crédito, faculta ao credor fiduciário considerar vencidas antecipadamente as demais operações de crédito garantidas pela mesma alienação fiduciária, hipótese em que será exigível a totalidade da dívida para todos os efeitos legais; e

V - os demais requisitos previstos no art. 24 da Lei n. 9.514, de 20 de novembro de 1997.

§ 2º A extensão da alienação fiduciária poderá ser formalizada por instrumento público ou particular, admitida a apresentação em formato eletrônico.

§ 3º Fica dispensado o reconhecimento de firma no título de extensão da alienação fiduciária.

§ 4º A extensão da alienação fiduciária não poderá exceder ao prazo final de pagamento e ao valor garantido constantes do título da garantia original.

COMENTÁRIOS

A extensão da propriedade fiduciária para garantia de outros créditos novos e autônomos de qualquer natureza deverá ser averbada na matrícula do respectivo imóvel (Lei Federal n. 6.015/73, art. 167, II, n. 37).

Servirá como título para tanto o contrato que tratou da concessão do novo crédito e pelo qual se contratou a propriedade fiduciária estendida como garantia do cumprimento da obrigação. Vale o destaque de que não há aqui a constituição de nova propriedade fiduciária, mas o aproveitamento da que já está constituída e que abrangerá, por vínculo real de garantia, os novos créditos concedidos. Como se trata da modificação de um direito real já constituído, o respectivo contrato que trata da extensão da propriedade fiduciária será inscrito na matrícula do imóvel por ato de averbação. Por essa inscrição registrária (averbação) é que se dará publicidade de que o crédito foi ampliado e que a propriedade fiduciária primária foi estendida para garanti-lo.

A verificação da prioridade das obrigações garantidas pela propriedade fiduciária estendida dar-se-á pela data da averbação dos correspondentes contratos na matrícula do imóvel, e não pela data da celebração da avença. A prioridade em matéria de extensão acaba tendo importância secundária, pois a ampliação apenas é possível para o mesmo fiduciário da garantia original, e este, nos termos do inciso IV do § 1º deste artigo, poderá declarar o vencimento antecipado de todas as obrigações no caso do inadimplemento de uma delas.

Como condição para a sua existência, validade e eficácia, o contrato que tratar da extensão da propriedade fiduciária deverá obrigatória e cumulativamente conter (§ 1º): (i) o valor principal da nova operação de crédito; (ii) a taxa de juros e respectivos encargos; (iii) o prazo e as condições de pagamento da dívida; (iv) cláusula que facultará ao credor, na hipótese de inadimplemento sem purgação da mora de qualquer uma das operações de crédito, considerar vencidos antecipadamente os demais créditos garantidos pela mesma propriedade fiduciária e exigir o pagamento da totalidade da dívida (primária mais as estendidas); e (v) os demais requisitos estabelecidos no art. 24 da Lei Federal n. 9.514/97.

Destaque-se que, no caso de declaração de vencimento antecipado, pelo inadimplemento e pela ausência da purgação da mora nos

90   *Marco Legal das Garantias*

termos da Lei Federal n. 9.514/97, ficam abrangidas todas as obrigações e consequentemente a totalidade da dívida.

Nessas circunstâncias, o requerimento exigido pelo § 1º do art. 26 da Lei Federal n. 9.514/97 deve trazer declaração expressa do vencimento antecipado de todo o crédito concedido, exigir o pagamento integral da dívida, constituir o fiduciante em mora, consolidar a propriedade em caso de inadimplemento absoluto e orientar os subsequentes leilões extrajudiciais pela totalidade do crédito.

Para que o fiduciário possa promover a execução de todos os seus créditos, ele deve cuidar para que todos os correspondentes contratos estejam averbados na matrícula do imóvel fiduciado. O crédito estendido inadimplido que não tiver sido averbado na matrícula não poderá ser objeto de execução nos termos dos arts. 26, 26-A e 27 da Lei Federal n. 9.514/97, pois o oficial do registro de imóveis não poderá promover os procedimentos de intimação do fiduciante para purgação da mora, vez que desconhece a existência do direito real de garantia fiduciária, da obrigação e das circunstâncias de seu inadimplemento.

A extensão da propriedade fiduciária deve ser celebrada por escrito, por instrumento público ou particular, sendo admitido, inclusive, o formato eletrônico (§ 2º). Todavia, não se admite a pactuação verbal da extensão.

Nos instrumentos de extensão da alienação fiduciária fica dispensado o reconhecimento de firma dos signatários (§ 3º), o que caracteriza exceção à regra do inciso II do art. 221 da Lei Federal n. 6.015/73.

A extensão da propriedade fiduciária deve observar o prazo final de pagamento e o valor máximo atribuído para a garantia real, os quais deverão estar expressos no título que constitui a garantia fiduciária imobiliária original (§ 4º). Em outras palavras, os contratos de extensão da propriedade fiduciária não podem alterar o prazo de pagamento e o valor da garantia já estabelecidos na alienação fiduciária inicial. Caso haja interesse em alterar tais parâmetros, o fiduciário e o fiduciante deverão repactuar a propriedade fiduciária primária, observadas, se o caso, as questões relacionadas à novação.

JURISPRUDÊNCIA

"Recurso administrativo – Alienação fiduciária em garantia de bem imóvel – Aditamento de cédula de crédito bancário – Recusa à averbação pelo Oficial entendendo pela ocorrência de novação e necessidade de novo registro

Capítulo 4 • Lei Federal n. 13.476/2017

da garantia – Aditamento limitado à consolidação do saldo devedor e re-pactuação do prazo para pagamento da cédula – Inexistência de nova con-cessão de crédito – Objeto da relação obrigacional íntegro, mantido o dever de pagamento do valor entregue por força do mútuo – Mutação da relação obrigacional necessária para o reconhecimento da novação – Aditamento que configura confirmação da obrigação anterior, permitindo-se o adita-mento na matrícula para a manutenção da alienação fiduciária – Exigência afastada, determinando-se a averbação do aditamento."(TJSP, Corregedoria Geral da Justiça, R. Adm. n. 1046567-34.2021.8.26.0100, *DJe* 8-2-2022).

"Recurso Administrativo – Recusa de averbação de aditivo à cédula de cré-dito bancário com garantia de alienação fiduciária de imóvel – Consolida-ção do débito e alteração do prazo de pagamento, assim como dos encargos contratuais – Manutenção da causa da obrigação e não inclusão de novos aportes ao mútuo originalmente contratado – Novação não configurada – Desnecessidade de constituição de nova garantia – Óbices afastados. Recur-so provido".
(TJSP, Corregedoria Geral da Justiça, Proc. CG n. 1005338-55.2018.8.26.0438, *DJe* 13-2-2020).

Art. 9º-C

Celebrada a extensão da alienação fiduciária sobre coisa imóvel, a liquidação ante-cipada de quaisquer das operações de crédito não obriga o devedor a liquidar ante-cipadamente as demais operações vinculadas à mesma garantia, hipótese em que permanecerão vigentes as condições e os prazos nelas convencionados.

Parágrafo único. A liquidação de quaisquer das operações de crédito garantidas será averbada na matrícula do imóvel, à vista do termo de quitação específico emi-tido pelo credor.

COMENTÁRIOS

A constituição da propriedade fiduciária primária e a contratação de suas extensões tem na sua base sempre uma relação jurídica obriga-cional consubstanciada em uma operação de crédito. Como acontece com toda relação obrigacional, a prestação aqui tem um tempo certo para ser cumprida, sob pena de o credor poder exigi-la imediatamente (art. 331 do CC). Trata-se do chamado tempo do pagamento.

É assim requisito essencial do contrato de alienação fiduciária a previsão de um prazo para o pagamento do crédito ao fiduciário (Lei Federal n. 9.514/97, art. 24, II).

Esse art. 9º-C trata das situações em que o devedor (fiduciante) cumpre a sua obrigação antes desse prazo estabelecido para o seu vencimento; das situações em que há o adimplemento antecipado da obrigação garantida pela propriedade fiduciária.

Em matéria de pagamento antecipado tendo por objeto crédito vinculado a extensão da alienação fiduciária, o fiduciante não fica obrigado a liquidar antecipadamente os demais créditos vinculados à mesma garantia fiduciária, os quais permanecerão com os vencimentos inalterados na forma prevista nos correspondentes contratos.

O art. 319 do Código Civil, por sua vez, prevê que o devedor que pagar a sua prestação tem direito à quitação regular, podendo, inclusive, reter outros pagamentos enquanto esta não lhe for outorgada.

Quitação é a forma pela qual o devedor comprova que cumpriu sua obrigação. Cabe ao devedor provar que efetuou o pagamento da prestação objeto da relação jurídica obrigacional para fazer jus à quitação.

Não se exige forma especial para a instrumentalização da quitação. De todo modo o art. 320 do Código Civil enuncia seus elementos essenciais: valor e espécie da dívida quitada, nome do devedor ou daquele que por este pagou, tempo e lugar do pagamento e assinatura do credor ou de seu representante. O mesmo art. 320 dispõe, em seu parágrafo único, que a falta desses requisitos é sanável, se dos termos ou das circunstâncias inerentes à situação da vida for possível concluir ter havido o pagamento da dívida. Por exemplo, se faltante a assinatura do credor, mas o comprovante de depósito bancário demonstrar que os valores foram depositados em conta corrente de sua titularidade, a quitação deve ser considerada válida, porque o credor efetivamente recebeu os valores da prestação devida pelo devedor.

O termo de quitação do credor referente à liquidação de qualquer operação de crédito estendido deve ser averbado na matrícula do imóvel objeto da propriedade fiduciária. Isso possibilitará que outros credores acompanhem a capacidade do fiduciante e do imóvel fiduciado responderem por outras dívidas e, ainda, permitirá a contratação de novas extensões da propriedade fiduciária com o mesmo credor, porque criará lastro em relação ao valor total do imóvel.

Capítulo 4 • Lei Federal n. 13.476/2017   93

Art. 9º-D
Na extensão da alienação fiduciária sobre coisa imóvel, no caso de inadimplemento e de ausência de purgação da mora de que tratam os arts. 26 e 26-A da Lei n. 9.514, de 20 de novembro de 1997, em relação a quaisquer das operações de crédito garantidas, independentemente de seu valor, o credor fiduciário poderá considerar vencidas antecipadamente as demais operações de crédito vinculadas à mesma garantia, hipótese em que será exigível a totalidade da dívida. § 1º Na hipótese prevista no *caput* deste artigo, após o vencimento antecipado de todas as operações de crédito, o credor fiduciário promoverá os demais procedimentos de consolidação da propriedade e de leilão de que tratam os arts. 26, 26-A, 27 e 27-A da Lei n. 9.514, de 20 de novembro de 1997. § 2º A informação sobre o exercício, pelo credor fiduciário, da faculdade de considerar vencidas todas as operações vinculadas à mesma garantia, nos termos do *caput* deste artigo, deverá constar da intimação de que trata o § 1º do art. 26 da Lei n. 9.514, de 20 de novembro de 1997. § 3º A dívida de que trata o inciso I do § 3º do art. 27 da Lei n. 9.514, de 20 de novembro de 1997, corresponde à soma dos saldos devedores de todas as operações de crédito vinculadas à mesma garantia. § 4º Na hipótese de quaisquer das operações de crédito vinculadas à mesma garantia qualificarem-se como financiamento para aquisição ou construção de imóvel residencial do devedor, aplica-se à excussão da garantia o disposto no art. 26-A da Lei n. 9.514, de 20 de novembro de 1997. § 5º O disposto no art. 54 da Lei n. 13.097, de 19 de janeiro de 2015, aplica-se aos negócios jurídicos de extensão de alienação fiduciária.

COMENTÁRIOS

Em matéria de extensão da propriedade fiduciária imobiliária, caso haja situação de inadimplemento, de não purgação da mora pelo fiduciante e de conversão da sua mora em inadimplemento absoluto nos termos dos arts. 26 e 26-A da Lei Federal n. 9.514/97, o fiduciário poderá considerar vencidas antecipadamente todas as demais operações de créditos que estejam vinculadas à mesma garantia fiduciária, o que abrange tanto a original quanto as estendidas, para fins de exigir a totalidade da dívida. Não se autoriza aqui o vencimento antecipado das operações para cobrança parcial dos créditos. Assim, entende-se por dívida aqui a soma dos saldos devedores de todas as operações de crédito vinculadas à mesma garantia (§ 3º).

Declarado o vencimento antecipado de todas as operações de créditos nos termos desse art. 9º-D, o credor fiduciário deverá promover todos os demais atos para a satisfação dos seus créditos, que se resumem na consolidação da propriedade e na realização dos leilões extrajudiciais, na forma tratada pelos arts. 26, 26-A, 27 e 27-A da Lei Federal n. 9.514/97.

No requerimento feito para fins de purgação da mora (Lei Federal n. 9.514/97, art. 26, § 1º), o credor fiduciário já deve anunciar sua intenção de considerar vencidos antecipadamente todos os créditos vinculados à mesma garantia fiduciária (§ 2º).

Quando qualquer operação creditícia vinculada a uma alienação fiduciária estiver voltada a financiamento para a aquisição ou construção de imóvel residencial, serão aplicadas as regras do art. 26-A da Lei Federal n. 9.514/97 no procedimento de execução (§ 4º). Nesse ambiente especial, a averbação da consolidação da propriedade em nome do fiduciário será feita trinta dias após o vencimento do prazo para purgação da mora pelo fiduciante e, até a data da averbação da consolidação da propriedade em nome do fiduciário, é garantido ao fiduciante pagar a dívida e as despesas para fins de convalescimento.

Para encerrar, o § 5º estabelece que se aplica o disposto no art. 54 da Lei Federal n. 13.097/2015 aos negócios jurídicos de extensão de alienação fiduciária. Isso significa dizer que a extensão da propriedade fiduciária cede diante de certos atos inscritos previamente na matrícula do imóvel.

CAPÍTULO III

DA EXECUÇÃO EXTRAJUDICIAL DOS CRÉDITOS
GARANTIDOS POR HIPOTECA

Art. 9º da Lei Federal n. 14.711/2023
Os créditos garantidos por hipoteca poderão ser executados extrajudicialmente na forma prevista neste artigo.
§ 1º Vencida e não paga a dívida hipotecária, no todo ou em parte, o devedor e, se for o caso, o terceiro hipotecante ou seus representantes legais ou procuradores regularmente constituídos serão intimados pessoalmente, a requerimento do credor ou do seu cessionário, pelo oficial do registro de imóveis da situação do imóvel hipotecado, para purgação da mora no prazo de 15 (quinze) dias, observado o disposto no art. 26 da Lei n. 9.514, de 20 de novembro de 1997, no que couber.

Capítulo 4 • Lei Federal n. 13.476/2017

§ 2º A não purgação da mora no prazo estabelecido no § 1º deste artigo autoriza o início do procedimento de excussão extrajudicial da garantia hipotecária por meio de leilão público, e o fato será previamente averbado na matrícula do imóvel, a partir do pedido formulado pelo credor, nos 15 (quinze) dias seguintes ao término do prazo estabelecido para a purgação da mora

§ 3º No prazo de 60 (sessenta) dias, contado da averbação de que trata o § 2º deste artigo, o credor promoverá leilão público do imóvel hipotecado, que poderá ser realizado por meio eletrônico.

§ 4º Para fins do disposto no § 3º deste artigo, as datas, os horários e os locais dos leilões serão comunicados ao devedor e, se for o caso, ao terceiro hipotecante por meio de correspondência dirigida aos endereços constantes do contrato ou posteriormente fornecidos, inclusive ao endereço eletrônico.

§ 5º Na hipótese de o lance oferecido no primeiro leilão público não ser igual ou superior ao valor do imóvel estabelecido no contrato para fins de excussão ou ao valor de avaliação realizada pelo órgão público competente para cálculo do imposto sobre transmissão intervivos, o que for maior, o segundo leilão será realizado nos 15 (quinze) dias seguintes.

§ 6º No segundo leilão, será aceito o maior lance oferecido, desde que seja igual ou superior ao valor integral da dívida garantida pela hipoteca, das despesas, inclusive emolumentos cartorários, dos prêmios de seguro, dos encargos legais, inclusive tributos, e das contribuições condominiais, podendo, caso não haja lance que alcance referido valor, ser aceito pelo credor hipotecário, a seu exclusivo critério, lance que corresponda a, pelo menos, metade do valor de avaliação do bem

§ 7º Antes de o bem ser alienado em leilão, é assegurado ao devedor ou, se for o caso, ao prestador da garantia hipotecária o direito de remir a execução, mediante o pagamento da totalidade da dívida, cujo valor será acrescido das despesas relativas ao procedimento de cobrança e leilões, autorizado o oficial de registro de imóveis a receber e a transferir as quantias correspondentes ao credor no prazo de 3 (três) dias.

§ 8º Se o lance para arrematação do imóvel superar o valor da totalidade da dívida, acrescida das despesas previstas no § 7º deste artigo, a quantia excedente será entregue ao hipotecante no prazo de 15 (quinze) dias, contado da data da efetivação do pagamento do preço da arrematação.

§ 9º Na hipótese de o lance oferecido no segundo leilão não ser igual ou superior ao referencial mínimo estabelecido no § 6º deste artigo para arrematação, o credor terá a faculdade de:

I – apropriar-se do imóvel em pagamento da dívida, a qualquer tempo, pelo valor correspondente ao referencial mínimo devidamente atualizado, mediante requerimento ao oficial do registro de imóveis competente, que registrará os autos dos leilões negativos com a anotação da transmissão dominial em ato registral único, dispensadas, nessa hipótese, a ata notarial de especialização de que trata este artigo e a obrigação a que se refere o § 8º deste artigo; ou

II – realizar, no prazo de até 180 (cento e oitenta) dias, contado do último leilão, a venda direta do imóvel a terceiro, por valor não inferior ao referencial mínimo, dispensado novo leilão, hipótese em que o credor hipotecário ficará investido, por força desta Lei, de mandato irrevogável para representar o garantidor hipotecário, com poderes para transmitir domínio, direito, posse e ação, manifestar a responsabilidade do alienante pela evicção e imitir o adquirente na posse.

§ 10. Nas operações de financiamento para a aquisição ou a construção de imóvel residencial do devedor, excetuadas aquelas compreendidas no sistema de consórcio, caso não seja suficiente o produto da excussão da garantia hipotecária para o pagamento da totalidade da dívida e das demais despesas previstas no § 7º deste artigo, o devedor ficará exonerado da responsabilidade pelo saldo remanescente, hipótese em que não se aplica o disposto no art. 1.430 da Lei n. 10.406, de 10 de janeiro de 2002 (Código Civil).

§ 11. Concluído o procedimento e havendo lance vencedor, os autos do leilão e o processo de execução extrajudicial da hipoteca serão distribuídos a tabelião de notas com circunscrição delegada que abranja o local do imóvel para lavratura de ata notarial de arrematação, que conterá os dados da intimação do devedor e do garantidor e dos autos do leilão e constituirá título hábil de transmissão da propriedade ao arrematante a ser registrado na matrícula do imóvel.

§ 12. Aplicam-se à execução hipotecária realizada na forma prevista neste artigo as disposições previstas para o caso de execução extrajudicial da alienação fiduciária em garantia sobre imóveis relativamente à desocupação do ocupante do imóvel excutido, mesmo se houver locação, e à obrigação do fiduciante em arcar com taxa de ocupação e com as despesas vinculadas ao imóvel até a desocupação, conforme os §§ 7º e 8º do art. 27 e os arts. 30 e 37-A da Lei n. 9.514, de 20 de novembro de 1997, equiparada a data de consolidação da propriedade na execução da alienação fiduciária à data da expedição da ata notarial de arrematação ou, se for o caso, do registro da apropriação definitiva do bem pelo credor hipotecário no registro de imóveis.

§ 13. A execução extrajudicial prevista no *caput* deste artigo não se aplica às operações de financiamento da atividade agropecuária.

§ 14. Em quaisquer das hipóteses de arrematação, venda privada ou adjudicação, deverá ser previamente apresentado ao registro imobiliário o comprovante de pagamento do imposto sobre transmissão intervivos e, se for o caso, do laudêmio.

§ 15. O título constitutivo da hipoteca deverá conter, sem prejuízo dos requisitos de forma do art. 108 da Lei n. 10.406, de 10 de janeiro de 2002 (Código Civil), ou da lei especial, conforme o caso, como requisito de validade, expressa previsão do procedimento previsto neste artigo, com menção ao teor dos §§ 1º a 10 deste artigo.

COMENTÁRIOS

Esse art. 9º introduz a possibilidade da execução extrajudicial da hipoteca, sem exclusão da via judicial. Isso representa um importante avanço no desafogamento do Poder Judiciário, com a migração de atividades do ambiente judicial para o extrajudicial, especialmente para notários e registradores de imóveis.

A execução extrajudicial não pode ser tida como algo propriamente inédito – vide, por exemplo, o Decreto-Lei n. 70/66. Sua utilização em matéria de propriedade fiduciária se mostrou uma importante ferramenta para a mitigação de riscos na recuperação do crédito inadimplido, vez que sua execução se dá de maneira mais ágil e com menor custo em relação à execução judicial.

A aproximação entre os procedimentos satisfativos em matéria de hipoteca e propriedade fiduciária tornará aquela quase tão atrativa quanto esta. Todavia, a propriedade fiduciária ainda preservará a vantagem de imediatamente retirar a propriedade plena do imóvel da esfera patrimonial do fiduciante, o que consiste em proteção do fiduciário diante das dívidas constituídas posteriormente pelo devedor.

Outra vantagem da propriedade fiduciária se apresenta no caso de recuperação judicial do devedor, pois o crédito não se submete aos efeitos deste processo, de forma que prevaleçam os direitos de propriedade do fiduciário e as respectivas condições contratuais (Lei Federal n. 11.101/2005, art. 49, § 3º).

O procedimento extrajudicial de execução da hipoteca, assim como o da propriedade fiduciária, garante todos os direitos dos devedores, especialmente o de acesso ao Poder Judiciário, caso o credor cometa arbitrariedades durante seu curso.

Ademais, espera-se que diminua o tempo e a incerteza da recuperação do crédito, promovendo-se, com maior celeridade, o encerramento do vínculo obrigacional e a liberação do credor e do devedor.

Nesse cenário, vencida e não paga a dívida, o credor requererá ao oficial de registro de imóveis da circunscrição do imóvel hipotecado que promova a intimação pessoal do devedor e, se for o caso, do terceiro hipotecante ou dos seus representantes legais ou procuradores, para que se purgue a mora no prazo de 15 dias, contados da data de prenotação do requerimento, aplicando-se, no que couber, o art. 26 da Lei Federal n. 9.514/97 (§ 1º).

Do referido art. 26 poderão ser aplicados o § 1º-A, o § 2º, o § 2º-A, o § 3º, o § 4º, o § 4º-A, o § 4º-B, o § 4º-C, o § 5º e o § 6º.

Vale destacar que, de acordo com o parágrafo único do art. 1.428 do Código Civil, o devedor, após o vencimento da dívida, poderá dar o imóvel hipotecado em pagamento (dação em pagamento), o que dispensaria o credor da realização dos procedimentos para a venda extrajudicial do objeto da garantia.

Todavia, havendo a opção pela execução extrajudicial da hipoteca, deve o credor apresentar ao registrador imobiliário requerimento que noticie o vencimento e o não pagamento da dívida garantida pela hipoteca. Nesse requerimento, deve ser pedido que o registrador intime pessoalmente o devedor e, se o caso, o terceiro hipotecante ou seus representantes legais ou procuradores constituídos com poderes especiais, para que purgue a mora no prazo de 15 dias, contado do recebimento da referida intimação.

Esse requerimento deve ser feito por escrito e não depende de instrumentalização na forma pública, porque não se enquadra nas hipóteses do art. 108 do Código Civil e se refere apenas ao procedimento de execução extrajudicial da hipoteca.

Recomenda-se constar do requerimento em questão a qualificação do credor, comprovante de sua representação, se o caso, seus endereços para fins de correspondência, qualificação do devedor ou do terceiro hipotecante, quando o caso, com indicação do endereço para fins de intimação se diferente do imóvel hipotecado, qualificação do cônjuge do devedor (ou do terceiro hipotecante), quando necessária a sua intimação em razão do regime de bens adotado para o casamento (argumento do art. 842 do CPC), declaração de quando ocorreu o vencimento da dívida e do transcurso do prazo de carência para o pagamento, na hipótese de ter sido previsto no contrato, ou do prazo legal de 15 dias (argumento do art. 26, §§ 2º e 2º-A, da Lei Federal n. 9.514/97). Deve acompanhar o requerimento, ainda, uma planilha demonstrativa da dívida e de projeção de valores para o pagamento pelo devedor.

Para melhor acompanhamento pelo registro imobiliário, é recomendável que cada processo de execução hipotecária seja autuado com os documentos que forem apresentados, formando-se um processo para cada execução extrajudicial.

Capítulo 4 • Lei Federal n. 13.476/2017

A não purgação da mora no prazo quinzenal assinado pelo legislador autoriza que o credor inicie o procedimento de excussão extrajudicial da hipoteca por meio de leilão público (§ 2º).

Antes de nos aprofundarmos nesse procedimento de excussão, cabe registrar que, em linha com o disposto no art. 826 do CPC, é garantido ao devedor ou, se o caso, ao prestador da garantia hipotecária, o direito de remir a execução até a assinatura do respectivo auto que instrumentaliza a alienação, efetuando o pagamento do valor total da dívida, acrescido das despesas suportadas pelo credor com o procedimento de cobrança e realização dos leilões. O pagamento da dívida, no caso, será feito diretamente ao oficial do registro de imóveis, que repassará os valores para o credor no prazo de três dias contados do recebimento (§ 7º).

Pela sistemática da execução hipotecária extrajudicial, não cabe ao devedor a possibilidade de purgar a mora após transcorrido o prazo de 15 dias do § 1º. Ou seja, passado o prazo para a purgação da mora sem o pagamento da prestação, ao devedor é permitido apenas o pagamento integral da dívida, caso queira evitar que o imóvel seja alienado extrajudicialmente pelo credor nos leilões. Não cabe remição se o adimplemento for de apenas parte da dívida. Feito o pagamento integral, o devedor ou o terceiro garantidor recupera a propriedade desonerada, porque já terá sido quitada a obrigação garantida pela hipoteca.

Tornando ao procedimento de excussão, a pedido do credor, o início desse procedimento deve ser averbado na matrícula do respectivo imóvel, em até 15 dias do término do prazo estabelecido para a purgação da mora. O requerimento dessa averbação deve ser feito por escrito e não depende de instrumentalização na forma pública, pelas mesmas razões expostas logo acima. Tal requerimento deve integrar a mesma prenotação, a qual, adiantamos, deverá ter seu prazo de validade suspensa.

A averbação do início do procedimento de excussão é indispensável, inclusive para dar publicidade acerca da não purgação da mora pelo devedor ou pelo terceiro garantidor, se o caso. Sem essa averbação não é possível prosseguir com a execução extrajudicial, pois falta a publicidade registrária de um ato procedimental essencial, qual seja, a notícia ampla, geral e irrestrita sobre os caminhos da mora, ou seja, se houve ou não o pagamento da prestação principal inadimplida.

O passo seguinte nesse contexto é a realização dos leilões públicos para venda do imóvel hipotecado, no prazo de 60 dias. Esse prazo será contado da data em que ocorrer a averbação do início do procedimento de execução extrajudicial, como previsto nos §§ 2º e 3º. Os leilões podem ser realizados de forma eletrônica (§ 3º).

As datas, os horários e os locais dos leilões serão objeto de comunicação ao devedor e, se o caso, ao terceiro hipotecante, dirigida aos endereços constantes do contrato ou fornecidos ulteriormente, inclusive a endereço eletrônico (§ 4º). Essa comunicação não precisa ser feita pessoalmente; basta seu simples encaminhamento ao endereço combinado.

O art. 1.484 do CC autoriza que as partes indiquem no contrato de constituição da hipoteca o valor do imóvel, o qual, devidamente atualizado, servirá de base para a arrematação, adjudicação e remição. Caso seja indicado o valor do imóvel no negócio jurídico constitutivo da hipoteca, será dispensada a sua avaliação no processo de execução. Como destaca Francisco Eduardo Loureiro, o valor contratual atribuído pelas partes ao imóvel "deve corresponder sempre ao seu valor de mercado, evitando a ocorrência de danos ao próprio credor, pela remição, ou especialmente ao devedor, pela arrematação ou adjudicação por valor vil" (LOUREIRO, 2024, p. 1499).

Para que os atos expropriatórios se orientem efetivamente pelo valor de mercado do imóvel, o § 5º prevê que, para a venda do imóvel hipotecado no primeiro leilão extrajudicial, o valor mínimo da oferta tem que ser igual ou superior ao que for estabelecido para a execução do imóvel no contrato constitutivo da hipoteca, devidamente atualizado, ou igual ou superior ao de avaliação feita pelo órgão público competente para o cálculo do ITBI. Servirá como piso aqui, entre esses dois valores, o que for maior.

Caso o contrato de hipoteca não estabeleça o valor do imóvel para fins de execução da garantia, o referencial será apenas a avaliação feita pelo órgão público competente para o cálculo do ITBI.

Na hipótese de nenhum lance em matéria de primeiro leilão alcançar esse preço mínimo, o credor deverá realizar o segundo leilão nos 15 dias subsequentes. O valor de referência para o segundo leilão segue o mesmo padrão do § 2º do art. 27 da Lei Federal n. 9.514/97 para fins de alienação fiduciária: valor igual ou superior a dívida e a tudo o mais que se soma a ela (despesas, inclusive emolumentos cartorários, prêmios de seguro, encargos legais, inclusive tributos, e contribuições condominiais), com possibilidade de aceitação de lance que corresponda a no mínimo metade do valor de avaliação do bem, a exclusivo critério do credor.

Daí a pertinência de se importar para cá tudo o que já se disse em matéria de *metade do valor da avaliação, preço vil* (art. 891 do CPC) e *devido processo legal* (CF, art. 5º, LIV), assim sintetizável: não é tolerável, em geral, a expropriação de um bem por menos da metade do seu valor de avaliação.

Quando a dívida é grande, aderente ao valor do imóvel e pouco dela foi objeto de adimplemento, a orientação do ato expropriatório pelo tamanho do saldo em aberto tende a ser algo que naturalmente preserva o devido processo legal na expropriação do bem.

Todavia, é perfeitamente possível que se esteja diante de dívida pequena, representativa de uma irrisória fração do valor do imóvel e objeto de adimplemento quase integral. Daí não se poder conferir ao valor da dívida *status* de referência absoluta nesse contexto. Aliás, se alguma figura deve exercer esse papel aqui é o da metade do valor de avaliação do bem, que desponta como um piso mínimo para fins de expropriação nessas circunstâncias. Assim, para ser aceito, o lance deve, ao menos e sempre, equivaler a metade do valor de avaliação do bem; é esse o grande requisito para o aperfeiçoamento do ato expropriatório em segundo leilão, ao contrário do que sugere o texto legal.

Em resumo:

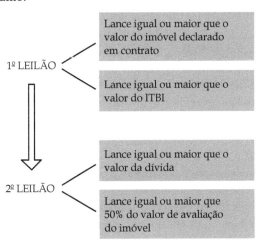

Terminado o leilão com lance que exceda esse patamar mínimo e o valor da dívida, com tudo a que se acresce a ela, a quantia excedente deve ser entregue ao devedor (§ 8º). Tem-se aqui nada mais do que uma consequência lógica e justa, pois a diferença entre o valor da dívida e o resultante da expropriação do imóvel integra o patrimônio do hipotecante e para ele deve ser destinado (§ 8º).

Em qualquer caso de leilão com resultado positivo, pelo exato valor ou com excedente, deve-se cuidar da regularização da transferência do direito real de propriedade do imóvel junto ao respectivo registrador imobiliário.

Nos termos do § 11, o processo de execução extrajudicial da hipoteca, acompanhado dos autos dos leilões extrajudiciais devidamente encerrados e com as certificações das providências nos termos da lei, inclusive com a indicação do licitante vencedor, serão encaminhados a um dos tabeliães de notas da localidade do imóvel, de livre escolha do adquirente, para que seja lavrada uma ata notarial de arrematação. Essa ata notarial deve conter os dados da intimação do devedor e do garantidor, bem como dos autos do leilão, e será o título hábil para ingressar na serventia predial para fins de transmissão do direito real de propriedade ao arrematante.

Doutra parte, encerrado o leilão sem lance com essas características, cabe ao credor decidir se fica com o bem para si em pagamento da dívida, a qualquer tempo, ou se cuida da sua venda direta a terceiro, no prazo de 180 dias (§ 9º). Em qualquer dos casos, é preciso respeitar o tal patamar mínimo para fins de expropriação (metade do valor da avaliação do bem), que, no caso da apropriação do bem, deve ser devidamente atualizado (§ 9º, I).

Essa decisão entre se apropriar do imóvel ou vendê-lo a terceiro envolve mera faculdade em favor do credor. Não está o credor obrigado a implementar qualquer dessas medidas.

Optando pela apropriação do bem, o credor hipotecário deve apresentar requerimento por escrito ao registrador imobiliário nesse sentido, dispensada aqui a forma pública. Esse requerimento deve ser acompanhado de todos os documentos produzidos para a execução dos leilões extrajudiciais, especialmente a certificação feita pelo leiloeiro de que os leilões foram negativos. Entendemos que os documentos de intimação do devedor ou do terceiro garantidor, seja para purgação da mora, seja para dar notícia dos leilões, já estarão integrados ao procedimento registrário de execução, razão pela qual não devem ser objeto de exigência nesta oportunidade.

Cabe então ao registrador imobiliário registrar os autos dos leilões negativos, com a anotação da transmissão de domínio do imóvel do devedor ou do terceiro garantidor para o credor. Para esse registro de transferência de domínio, o credor hipotecário deve apresentar o imposto de transmissão devidamente quitado.

Optando pela venda direta do imóvel a terceiro, o credor hipotecário atuará como mandatário do titular do bem, "com poderes para transmitir domínio, direito, posse e ação, manifestar a responsabilidade do alienante pela evicção e imitir o adquirente na posse" (§ 9º, II). Assim, o credor não dependerá de qualquer ato a ser tomado pelo devedor ou terceiro hipotecante nesse contexto, porque investido por lei de mandato irrevogável, inclusive para fins de outorga de escritura de compra e venda para o terceiro adquirente, em atenção ao art. 108 do Código Civil.

O mandato de que se trata aqui pode ser classificado como *ex lege* e com representação, na medida em que o credor hipotecário, por força de lei, representa o devedor ou terceiro hipotecante no negócio, praticando atos específicos em nome deste. Dada a finalidade específica desse mandato por força de lei, entendemos que não cabe aqui a extinção do mandato pela renúncia do mandante (devedor ou terceiro hipotecante); o mandato somente se exaure aqui com "a conclusão do negócio" (CC, art. 682, IV). Todas as obrigações do mandatário e do mandante que couberem nessa relação deverão ser por eles respeitadas para que suas especiais finalidades, que são a formação do título e o seu respectivo registro na matrícula do imóvel, possam ser alcançadas.

Seja à luz do resultado do leilão, seja à luz da apropriação do bem pelo referencial mínimo, seja ainda à luz da venda do imóvel para terceiro (sempre respeitado o referencial mínimo), quando faltar dinheiro para a quitação da dívida e do que mais a ela se acrescer, o devedor continuará obrigado pelo saldo, nos termos do art. 1.430 do Código Civil. O terceiro hipotecante não é obrigado pelo saldo da dívida, pois não é o devedor da relação obrigacional na qual se verificou o inadimplemento; ele se vincula ao cumprimento da obrigação apenas no limite do valor do imóvel de sua propriedade (LOUREIRO, 2021, p. 1473).

Na especial situação de execução hipotecária extrajudicial decorrente de operação de financiamento para a aquisição ou construção de imóvel residencial do devedor, caso o produto da excussão da garantia hipotecária seja insuficiente para o pagamento integral da dívida, o

104   *Marco Legal das Garantias*

devedor fica exonerado do saldo remanescente (§ 10). Nas expressas palavras do legislador, aqui "não se aplica o disposto no art. 1.430 da Lei n. 10.406, de 10 de janeiro de 2002 (Código Civil)". Vale lembrar que esse § 10 tem sua aplicação circunscrita aos casos nele expressos ("financiamento para a aquisição ou a construção de imóvel residencial do devedor") e deve ser interpretado restritivamente, por exemplo, para não alcançar operações financeiras oriundas do sistema de consórcio, que é o próprio legislador cuida de excluir das situações de exoneração pelo saldo remanescente.

O § 12 trata de algumas consequências da execução extrajudicial da hipoteca, por equiparação com a consolidação da propriedade fiduciária: (i) desocupação do imóvel excutido (Lei Federal n. 9.514/97, arts. 27, § 7º, e 30); (ii) incidência de taxa de ocupação para a hipótese de a desocupação não ocorrer (Lei Federal n. 9.514/97, art. 37-A); e (iii) responsabilidade do fiduciante pelas despesas vinculadas com o imóvel até a efetiva desocupação (Lei Federal n. 9.514/97, art. 27, § 8º).

A parte final do § 12 destaca que, em matéria de execução extrajudicial da hipoteca, a lavratura da ata notarial de arrematação e o registro da apropriação do bem pelo credor hipotecário equiparam-se à consolidação da propriedade fiduciária para efeito da materialização das mencionadas consequências.

No caso da hipoteca, o instrumento adequado para a tutela possessória do arrematante ou do credor que se apropriou do imóvel é a ação de imissão na posse, dada a sua condição inédita de possuidor. A petição inicial da ação de imissão na posse deve ser instruída com documento que ateste tal condição de possuidor (ata notarial de arrematação ou matrícula atualizada que contenha o registro de transmissão dominial para o credor).

Em matéria de locação tendo por objeto o imóvel excutido, cabe ao adquirente fazer a denúncia e se guiar pelo disposto no § 7º do art. 27 da Lei Federal n. 9.514/97.

Caso a desocupação não aconteça no tempo e modo devidos, o ocupante que indevidamente permanece no imóvel deve pagar uma taxa mensal de ocupação, equivalente a 1% sobre o valor integral indicado no contrato de constituição da hipoteca para fins de venda em leilão público extrajudicial (Lei Federal n. 9.514/77, art. 37-A). Ele também fica responsável pelo pagamento das despesas gerais de consumo, (água, luz etc.), dos impostos, taxas, contribuições condominiais e quaisquer outros encargos que recaiam sobre o imóvel, enquanto ali permanecer (Lei Federal n. 9.514/97, art. 27, § 8º).

Por sua vez, o § 13 cuida de excluir a execução extrajudicial hipotecária das operações de financiamento da atividade agropecuária. Com essa disposição excludente, os financiamentos destinados a essas operações comportarão apenas execução perante o Poder Judiciário.

O subsequente § 14 trata da obrigação de apresentação do comprovante de pagamento do imposto de transmissão de bens imóveis (ITBI) em qualquer das hipóteses de transferência do direito real de propriedade do imóvel objeto da garantia hipotecária: arrematação por terceiros, venda privada ou apropriação pelo credor hipotecário. Essas hipóteses ocorrem já dentro do processo de execução extrajudicial do direito real de hipoteca. Entretanto, há um outro negócio jurídico que pode ocorrer já por ocasião do vencimento da prestação, que é a dação em pagamento feita pelo devedor para realizar o pagamento da dívida, na forma prevista no parágrafo único do art. 1.428 do Código Civil. Também para ele deve valer a exigência da apresentação do comprovante de pagamento do imposto de transmissão.

Para fins da validade da hipoteca, o § 15 prescreve que o título que a constituir deve observar a forma pública prevista no art. 108 do Código Civil e fazer expressa referência ao procedimento deste art. 9º, especialmente ao disposto nos §§ 1º ao 10. Por trazerem disposições relativas à execução extrajudicial e conterem regras para fins de formalização da ata notarial e de responsabilização do devedor, entendemos pertinente que os §§ 11 e 12 também sejam contemplados pela escritura de direito real de hipoteca.

Vale mais uma vez lembrar aqui que a adoção da via extrajudicial de execução é uma faculdade do credor hipotecário, que continua podendo optar pela via judicial para a satisfação da sua pretensão. Isso ajuda a interpretar o § 15, a ponto de não se dar pela absoluta invalidade do contrato de hipoteca que não contemple as disposições deste art. 9º. A solução mais acertada aqui parece ser no sentido de que a avença autorizaria nessas condições apenas execução judicial em favor do credor hipotecário, mas sem uma invalidação do contrato.

CAPÍTULO IV
DA EXECUÇÃO EXTRAJUDICIAL DA GARANTIA IMOBILIÁRIA EM CONCURSO DE CREDORES

Art. 10 da Lei Federal n. 14.711/2023

Quando houver mais de um crédito garantido pelo mesmo imóvel, realizadas averbações de início da excussão extrajudicial da garantia hipotecária ou, se for o caso, de consolidação da propriedade em decorrência da execução extrajudicial da propriedade fiduciária, o oficial do registro de imóveis competente intimará simultaneamente todos os credores concorrentes para habilitarem os seus créditos, no prazo de 15 (quinze) dias, contado da data de intimação, por meio de requerimento que contenha:

I – o cálculo do valor atualizado do crédito para excussão da garantia, incluídos os seus acessórios;

II – os documentos comprobatórios do desembolso e do saldo devedor, quando se tratar de crédito pecuniário futuro, condicionado ou rotativo; e

III – a sentença judicial ou arbitral que tornar líquido e certo o montante devido, quando ilíquida a obrigação garantida.

§ 1º Decorrido o prazo de que trata o *caput* deste artigo, o oficial do registro de imóveis lavrará a certidão correspondente e intimará o garantidor e todos os credores em concurso quanto ao quadro atualizado de credores, que incluirá os créditos e os graus de prioridade sobre o produto da excussão da garantia, observada a antiguidade do crédito real como parâmetro na definição desses graus de prioridade.

§ 2º A distribuição dos recursos obtidos a partir da excussão da garantia aos credores, com prioridade, ao fiduciante ou ao hipotecante, ficará a cargo do credor exequente, que deverá observar os graus de prioridade estabelecidos no quadro de credores e os prazos legais para a entrega ao devedor da quantia remanescente após o pagamento dos credores nas hipóteses, conforme o caso, de execução extrajudicial da propriedade fiduciária ou de execução extrajudicial da garantia hipotecária.

COMENTÁRIOS

Esse art. 10 regula o concurso de credores com créditos assegurados pelo mesmo imóvel no âmbito da execução extrajudicial.

Não purgada a mora e feitas as subsequentes inscrições registrárias (arts. 26, § 7º, e 26-A, § 1º, da Lei Federal n. 9.514/97; e art. 9º, § 2º, desta Lei n. 14.711/2023), compete ao oficial do registro de imóveis intimar todas as pessoas que constam da matrícula do imóvel como titular de algum direito de garantia sobre o bem em segurança de um crédito. Fala-se aqui do "credor pignoratício, hipotecário, anticrético, fiduciário ou com penhora anterior averbada" (CPC, art. 889, V).

Tal intimação deve assinar prazo de 15 dias para que cada credor apresente ao oficial registrador requerimento com (i) valor atualizado do crédito, no que se incluem todos os acessórios; (ii) documentos comprobatórios do desembolso e do saldo devedor, em se tratando de crédito futuro, pecuniário ou rotativo; e (iii) a sentença que conferiu liquidez e certeza ao crédito, em matéria de obrigação ilíquida.

O credor com penhora não inscrita na matrícula do imóvel não integra o rol de pessoas a serem intimadas pelo oficial do registro de imóveis, mas pode comparecer espontaneamente para participar do concurso, apresentando requerimento nos termos enunciados acima, desde que o faça tempestivamente, isto é, quando ainda não esgotado o referido prazo de 15 dias para a totalidade dos credores intimados. Nessas circunstâncias, a penhora não inscrita deverá ser averbada e tomará o número de ordem que a sistemática registrária lhe outorgar.

Com o esgotamento do prazo quinzenal para todos os credores intimados, o oficial do registro de imóveis deve lavrar quadro atualizado com todos os titulares de crédito que apresentaram o seu requerimento, indicando o seu valor e o seu grau de prioridade sobre o produto da excussão.

Para a lavratura do quadro, o oficial do registro de imóveis deve guiar-se pelas regras do art. 908 do CPC. Assim, num primeiro momento, interessa apenas a ordem de preferência estabelecida no plano do direito material, sem considerar eventos circunscritos à seara processual. O guia a ser considerado para tal ordem de preferência é o art. 83 da Lei n. 11.101/2005: I) titular de créditos derivados da legislação trabalhista, limitados a 150 salários mínimos por credor, e aqueles decorrentes de acidentes de trabalho; II) titular de créditos gravados com direito real de garantia até o limite do valor do bem gravado; III) titular de créditos tributários, independentemente da sua natureza e do tempo de constituição, exceto os créditos extraconcursais (aqueles tratados no inciso V do art. 84 da Lei Federal n. 11.101/2005) e as multas tributárias; IV) titular de crédito quirografário, quais sejam, a) aqueles não previstos nos demais incisos do referido art. 83, b) os saldos dos créditos não cobertos pelo produto da alienação dos bens vinculados ao seu pagamento e c) os saldos dos créditos derivados da legislação trabalhista que excederem o limite de 150 salários mínimos; V) beneficiário de multas contratuais e penas pecuniárias por infração das leis penais ou administrativas, incluídas as multas tributárias; e VI) titular de créditos subordinados, quais sejam, a) os previstos em lei ou em contrato e b) os créditos dos sócios e dos administradores sem vínculo empregatício cuja contratação tenha se dado de forma desequilibrada e em descompasso com as práticas de mercado.

Num segundo momento, para os credores sem preferência no plano do direito material e apenas com penhora sobre o bem, cabe ao oficial do registro de imóveis organizá-los de acordo com a "anterioridade de cada penhora" (CPC, art. 908, § 2º). Não importa aqui a data do ato de inscrição da constrição na matrícula do imóvel, mas sim o aperfeiçoamento da penhora no respectivo processo.

Com a concretização da excussão, cabe ao credor exequente distribuir o resultado obtido em consonância com as diretrizes postas no quadro de credores elaborado pelo registrador imobiliário. Tendo em vista a ordem sugerida acima, a classe de preferência anterior tem integral prioridade sobre a classe de preferência posterior. Dentro da mesma classe de preferência, a divisão do produto da excussão se dá de maneira proporcional ao crédito titulado pelo respectivo credor. Quando a disputa passa para pessoas que têm privilégio de ordem meramente processual, prevalece quem tem a penhora anterior (a data será a do ato processual que admitiu a penhora), pouco importando sua inscrição na matrícula do imóvel, pois a constituição da penhora ocorre no processo judicial e sua inscrição na matrícula do imóvel é um ato de publicidade e não de constituição.

Por fim, havendo saldo resultante da excussão, ele deve ser entregue ao fiduciante ou hipotecante no prazo e condições previstas nos arts. 27, § 4º, da Lei Federal n. 9.514/97 e 9º, § 8º, desta lei.

JURISPRUDÊNCIA

"Embargos de divergência em recurso especial. Execução por título extrajudicial. Habilitação do crédito da fazenda pública estadual.

Concurso singular de credores. Existência de ordem de penhora incidente sobre o mesmo bem nos autos da execução fiscal. Desnecessidade.

1. A distribuição do produto da expropriação do bem do devedor solvente deve respeitar a seguinte ordem de preferência: em primeiro lugar, a satisfação dos créditos cuja preferência funda-se no direito material. Na sequência – ou quando inexistente crédito privilegiado –, a satisfação dos créditos comuns (isto é, que não apresentam privilégio legal) deverá observar a anterioridade de cada penhora, ato constritivo considerado título de preferência fundado em direito processual.

Capítulo 4 • Lei Federal n. 13.476/2017

2. Isso porque não se revela possível sobrepor uma preferência processual a uma preferência de direito material, porquanto incontroverso que o processo existe para que o direito material se concretize. Precedentes.

3. O privilégio do crédito tributário – assim como dos créditos oriundos da legislação trabalhista – encontra-se prevista no art. 186 do CTN. À luz dessa norma, revela-se evidente que, também no concurso individual contra devedor solvente, é imperiosa a satisfação do crédito tributário líquido, certo e exigível – observada a preferência dos créditos decorrentes da legislação do trabalho e de acidente de trabalho e dos créditos com direito real de garantia no limite do bem gravado – independentemente de prévia execução e de penhora sobre o bem cujo produto da alienação se pretende arrecadar.

4. Nada obstante, para garantir o levantamento de valores derivados da expropriação do bem objeto de penhora nos autos de execução ajuizada por terceiro, o titular do crédito tributário terá que demonstrar o atendimento aos requisitos da certeza, da liquidez e da exigibilidade da obrigação, o que reclamará a instauração de processo executivo próprio a fim de propiciar a quitação efetiva da dívida.

5. Por outro lado, a exigência de pluralidade de penhoras para o exercício do direito de preferência reduz, significativamente, a finalidade do instituto – que é garantir a solvência de créditos cuja relevância social sobeja aos demais –, equiparando-se o credor com privilégio legal aos outros desprovidos de tal atributo.

6. Assim, prevalece a exegese de que, independentemente da existência de ordem de penhora na execução fiscal, a Fazenda Pública poderá habilitar seu crédito privilegiado em autos de execução por título extrajudicial. Caso ainda não tenha sido ajuizado o executivo fiscal, garantir-se-á o exercício do direito da credora privilegiada mediante a reserva da totalidade (ou de parte) do produto da penhora levada a efeito em execução de terceiros.

7. Na hipótese, deve ser restabelecida a decisão estadual que autorizou a habilitação do crédito tributário (objeto de execução fiscal já aparelhada) nos autos da execução de título extrajudicial em que perfectibilizada a arrematação do bem do devedor.

8. Embargos de divergência do Estado de Santa Catarina providos a fim de negar provimento ao recurso especial da cooperativa de crédito."
(STJ, EREsp 1.603.324/SC, rel. Min. Luis Felipe Salomão, *DJ* 13-10-2022).

Referências

BAREA, Juan B. Jordano. Mandato para adquirir y titularidade fiduciária. *Anuário de Direito Civil*, v. 36, n. 4, , 1983. Disponível em: https://dialnet.unirioja.es/servlet/articulo?codigo=46602. Acesso em: 26 jan. 2023.

CHALHUB, Melhim Namem. *Alienação fiduciária*: negócio fiduciário. 7. ed. Rio de Janeiro: Forense, 2021.

CHALHUB, Melhim Namem; GARBI, Carlos Alberto. Administração fiduciária de garantias no PL 4.188/2021. *Migalhas*, 2 maio 2022. Disponível em: https://www.migalhas.com.br/coluna/novos-horizontes-do-direito-privado/365012/administracao-fiduciaria-de-garantias-no-pl-4-188-2021. Acesso em: 10 ago. 2022.

DINAMARCO, Cândido Rangel. *Vocabulário do processo civil*. 2. ed. São Paulo: Malheiros, 2014.

FABIAN, Christoph. *Fidúcia*. Porto Alegre: Sergio Antonio Fabris Editor, 2007.

FIGUEIREDO, André. *O negócio fiduciário perante terceiros*. Coimbra: Almedina, 2020.

GODOY, Claudio Luiz Bueno de. *Código Civil comentado*: doutrina e jurisprudência. 15. ed. Santana de Parnaíba, SP: Manole, 2021.

JELEMBI, Armindo Gideão Kunjiquisse. *O negócio fiduciário*: caracterização, constituição e efeitos. Tese (doutoramento em Direito Civil) – Faculdade de Direito da Universidade de Coimbra. Coimbra, 2017.

LIMA, Otto de Souza. *Negócio fiduciário*. São Paulo: Revista dos Tribunais, 1962.

LOUREIRO, Francisco Eduardo. Comentários aos arts. 1.196 a 1.510 do Código Civil. In: PELUSO, Cezar (coord.). *Código Civil comentado*: doutrina e jurisprudência. 15. ed. Santana de Parnaíba, SP: Manole, 2021.

MARTORELL, Mariano Navarro. *La propriedade fiduciária*. Barcelona: Bosch, 1950.

MOREIRA ALVES, José Carlos. *A retrovenda*. 2. ed. São Paulo: Revista dos Tribunais, 1987.

PEREIRA, Caio Mario da Silva. *Instituições de direito civil*. 25. ed. Rio de Janeiro: Forense, 2017, v. IV.

PICAZO, Luis Diez. Los efectos jurídicos de la Gestión representativa. *Anuário de Direito Civil*, v. 31, n. 3, , 1978. Disponível em: https://dialnet.unirioja.es/servlet/articulo?codigo=1980416. Acesso em: 26 jan. 2023.

ROPPO, Enzo. *O contrato*. Coimbra: Almedina, 2008.

SALOMÃO NETO, Eduardo. *Direito bancário*. 2. ed. São Paulo: Atlas, 2014.

SERPA LOPES, Miguel Maria de. *Curso de direito civil*: fontes das obrigações – contratos. 5. ed. rev. e atual. Rio de Janeiro: Freitas Bastos, 1999, v. IV.

TEPEDINO, Gustavo; OLIVA, Milena Donato. Notas sobre a representação voluntária e o contrato de mandato. *Revista Brasileira de Direito Civil – RBDCivil*. Belo Horizonte, v. 12, p. 17-36, abr./jun. 2017.